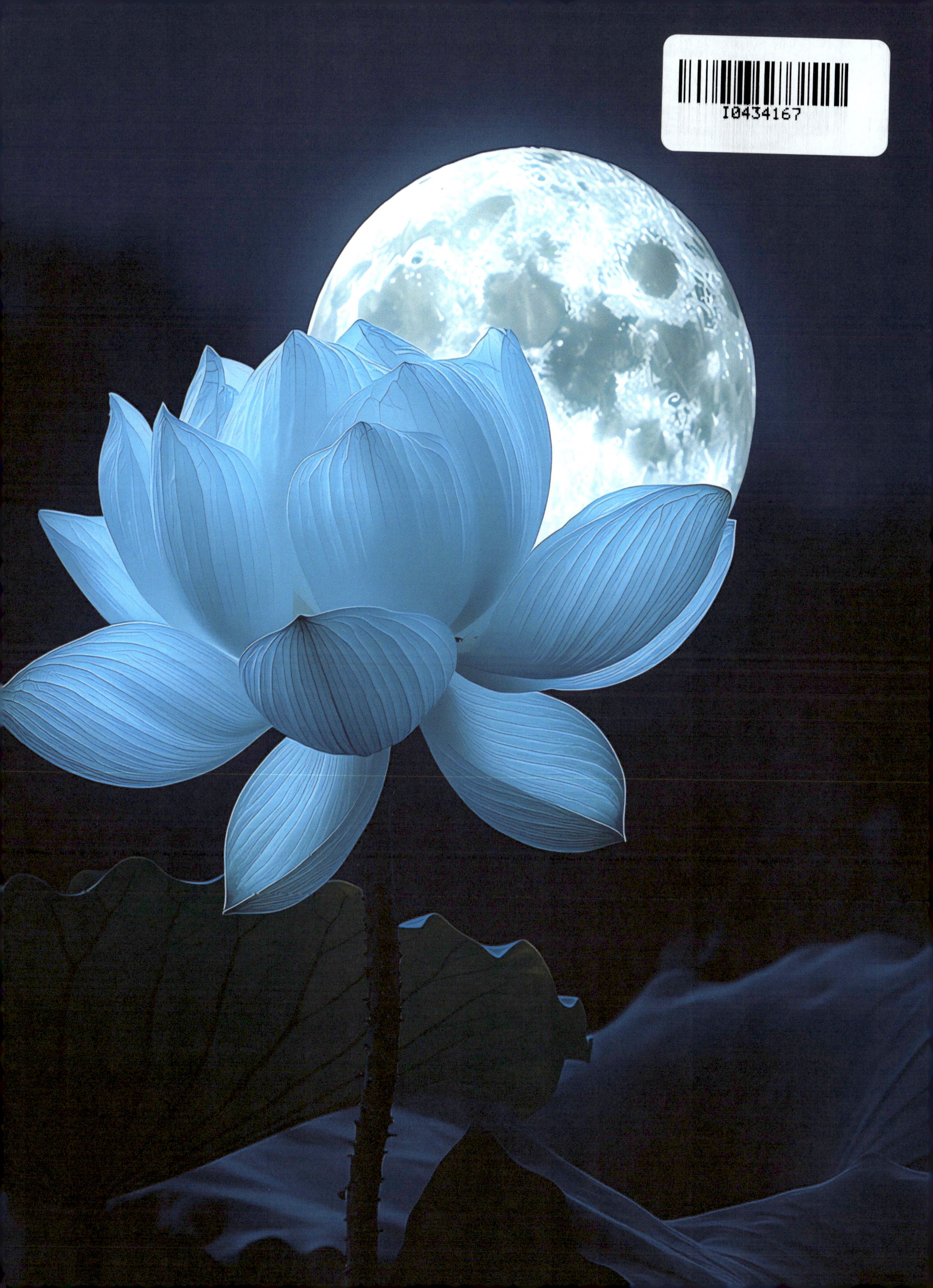

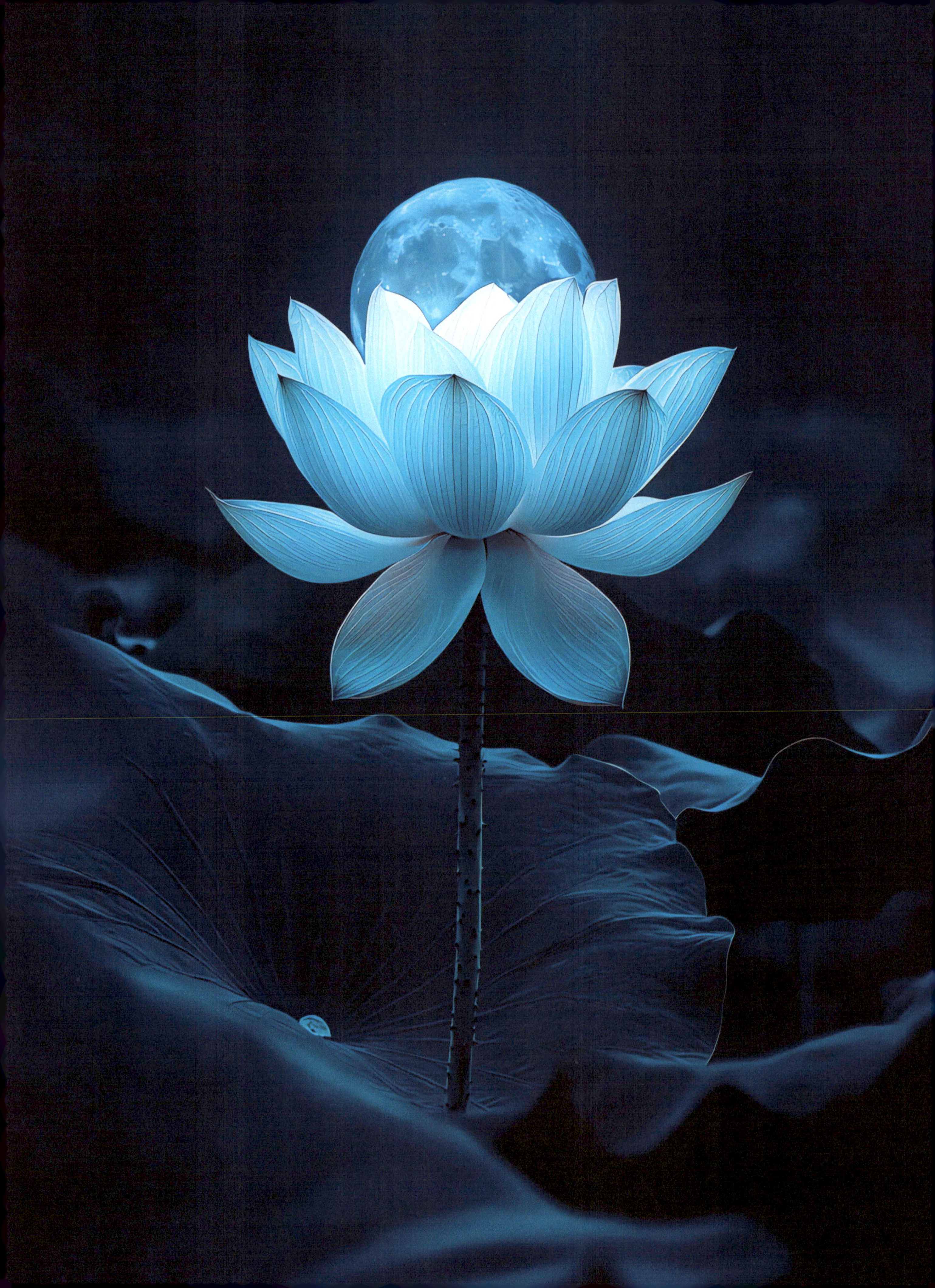

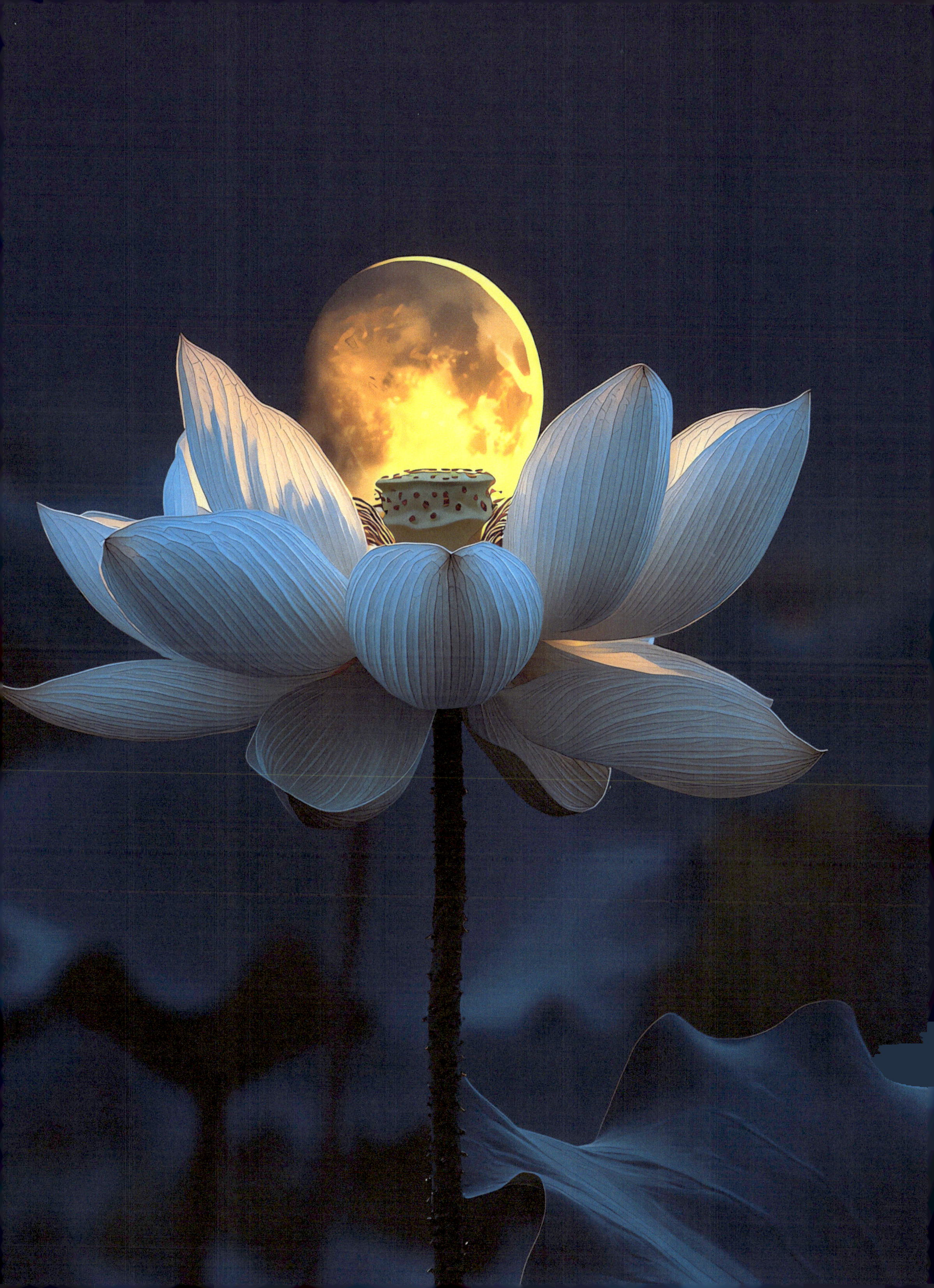

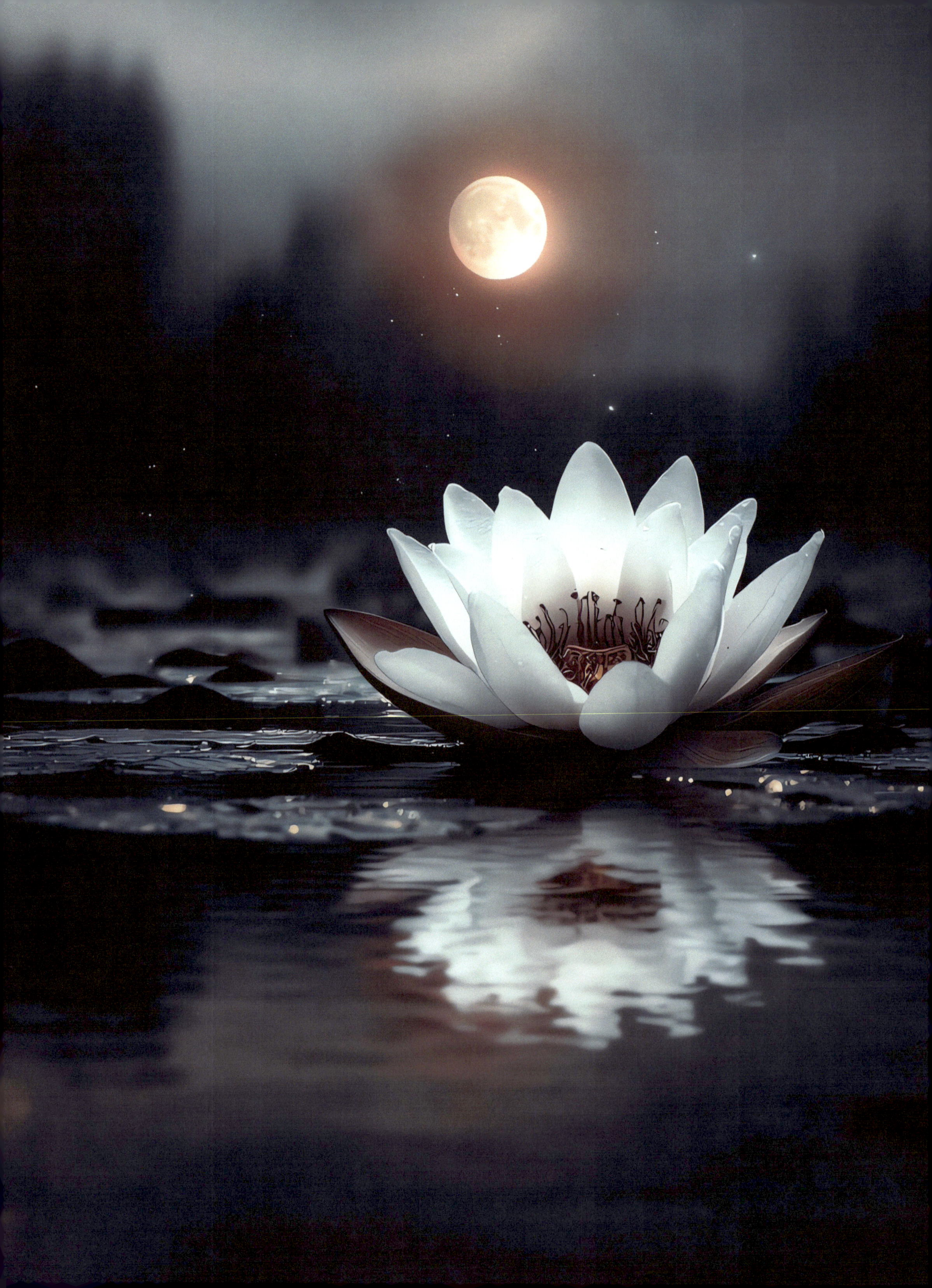

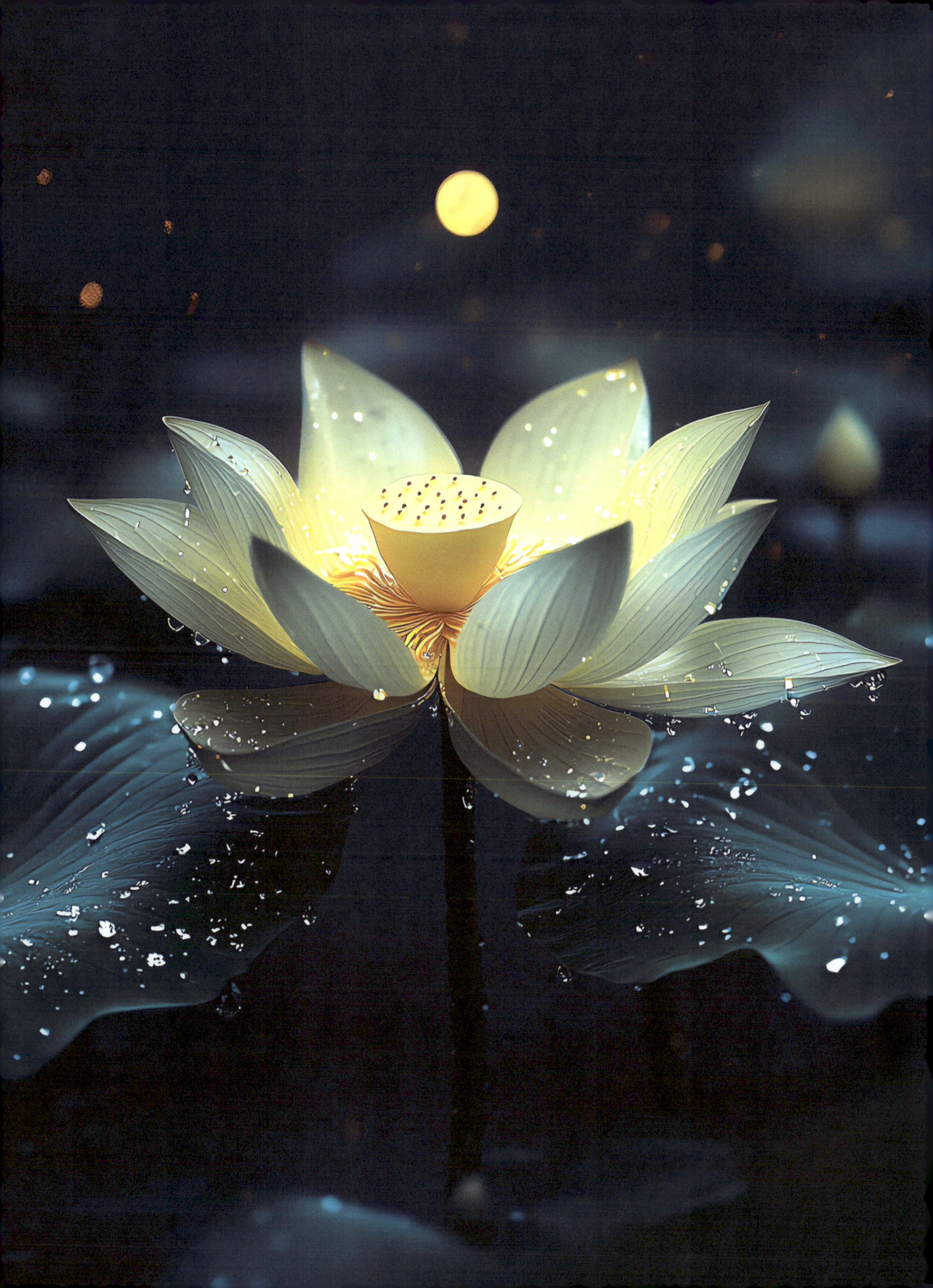

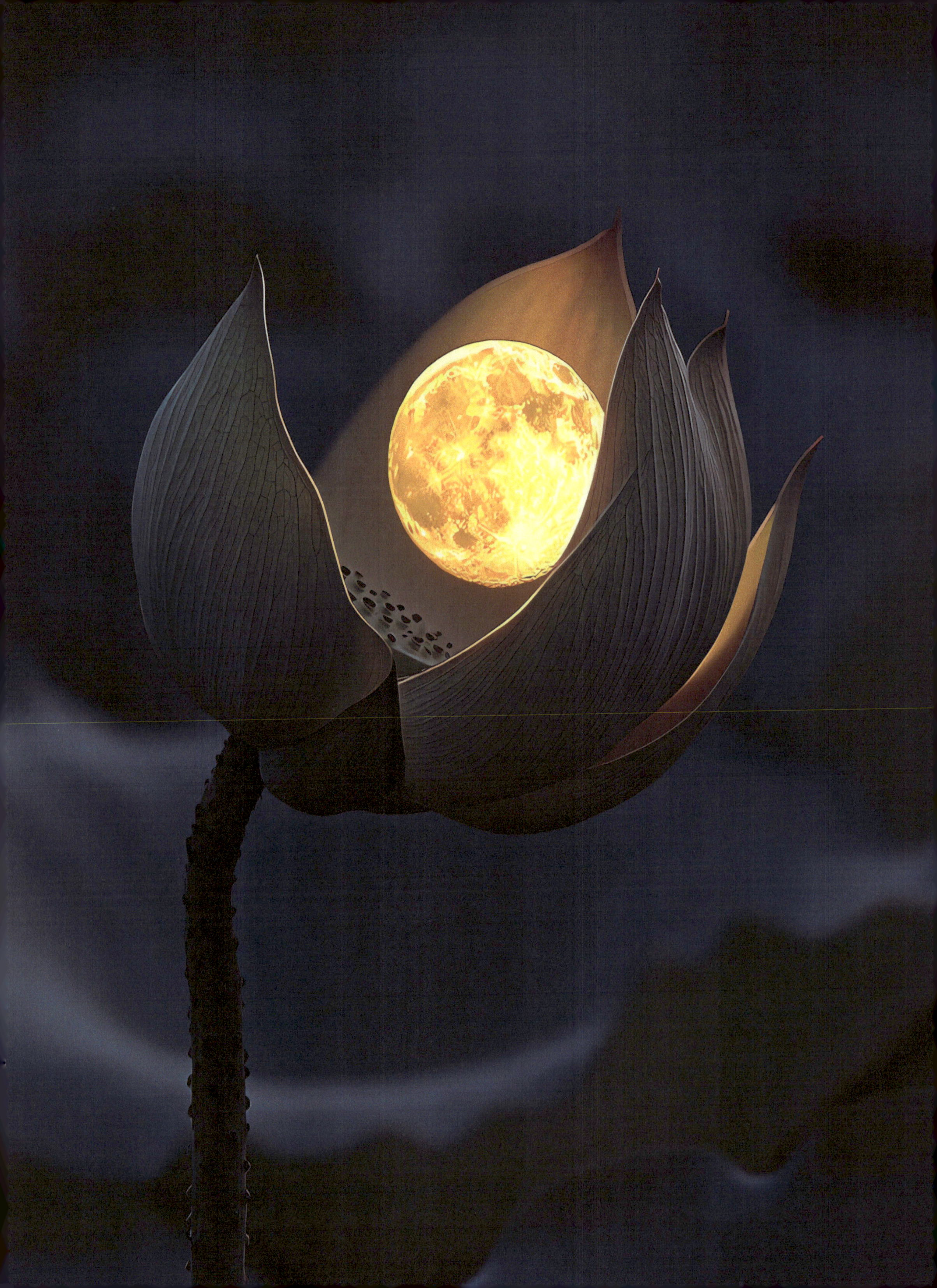

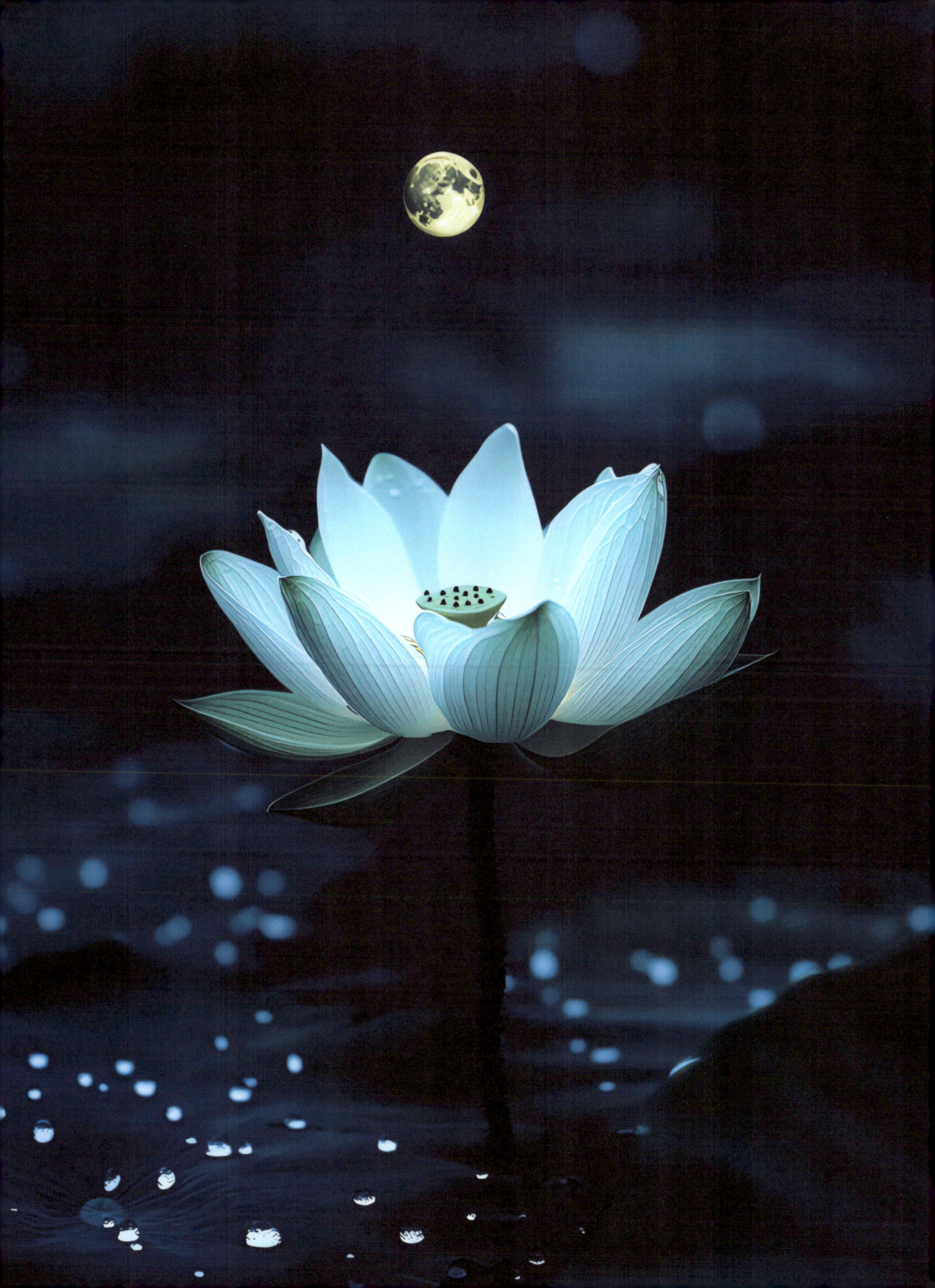

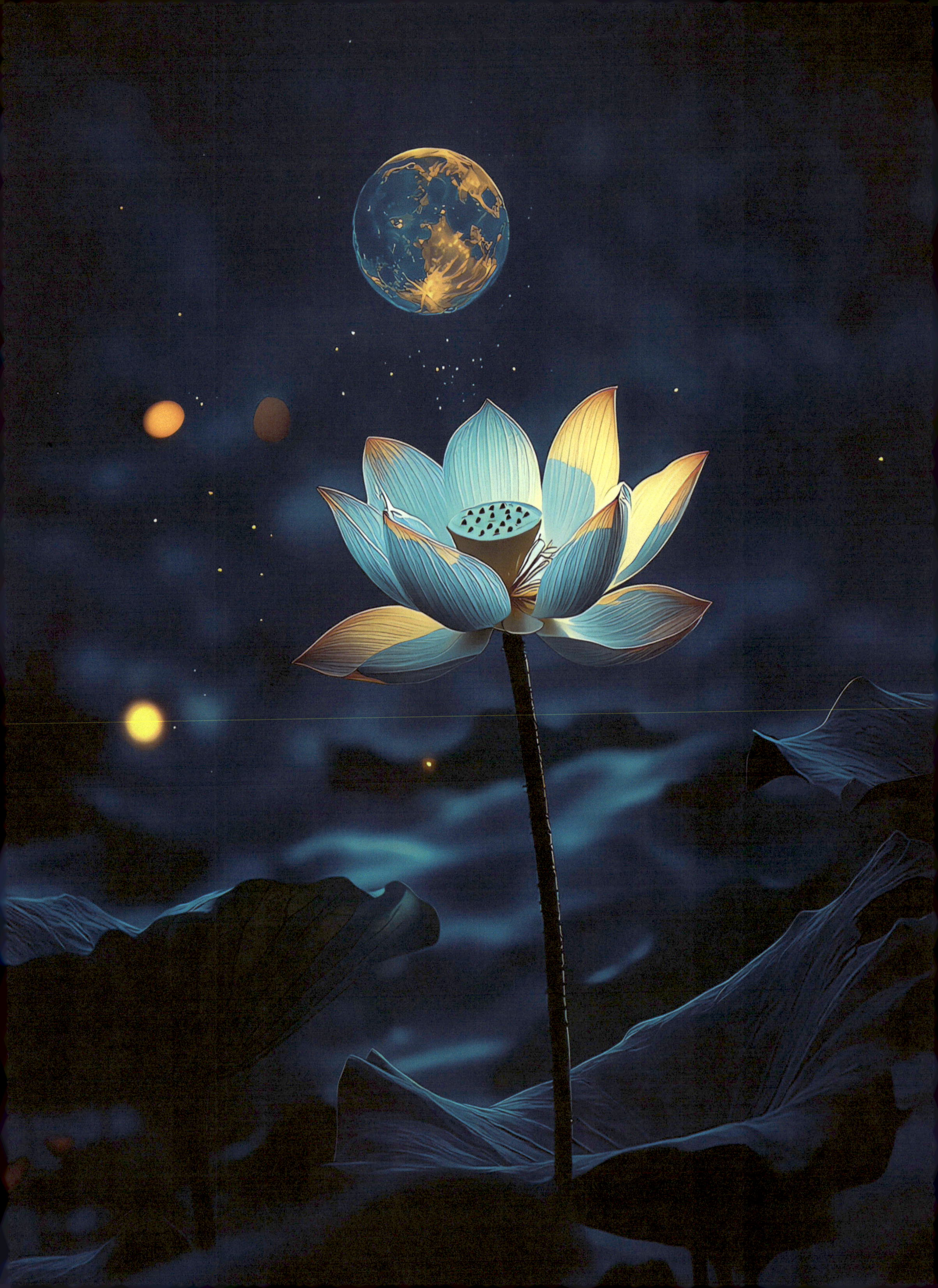

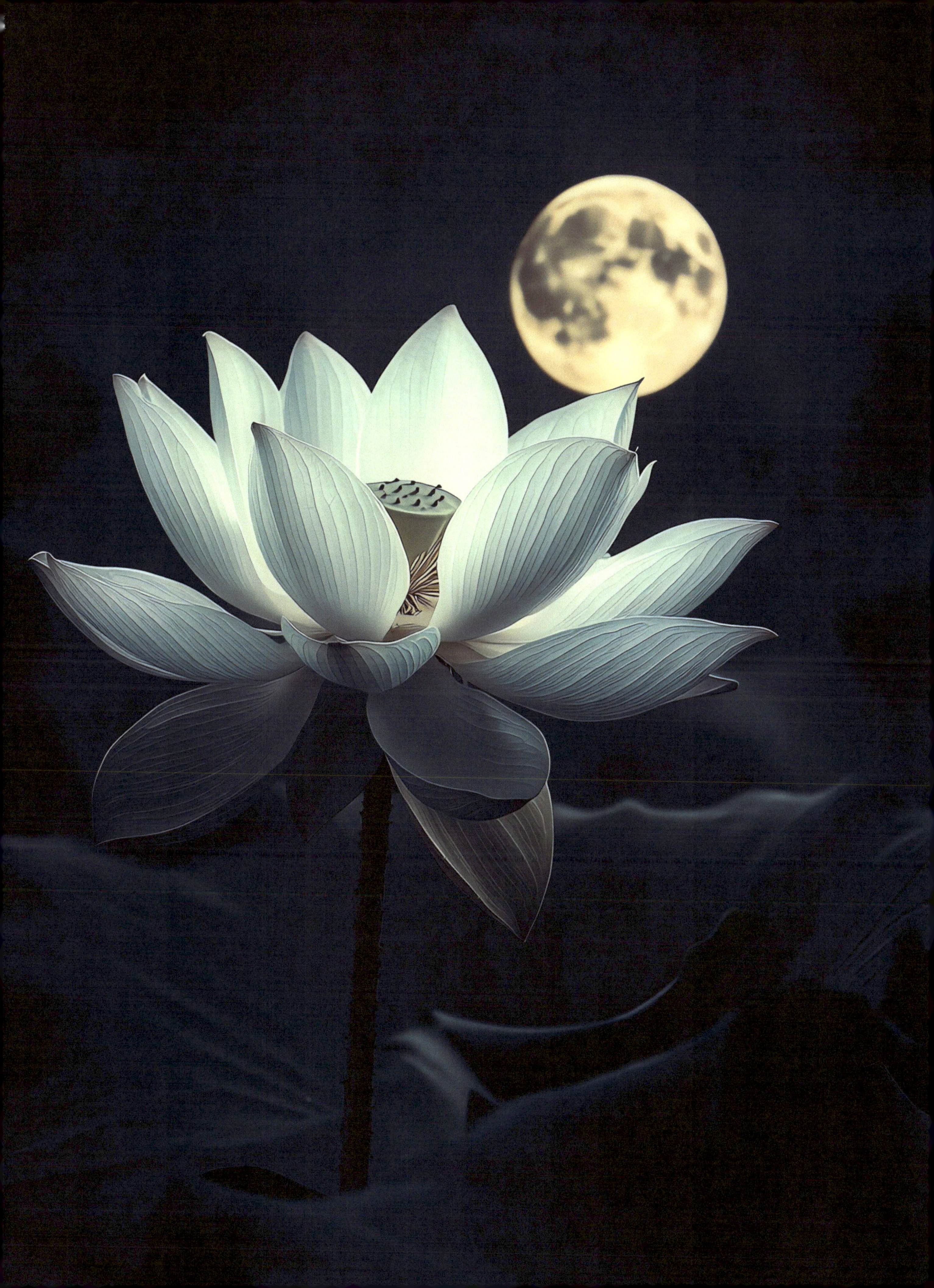

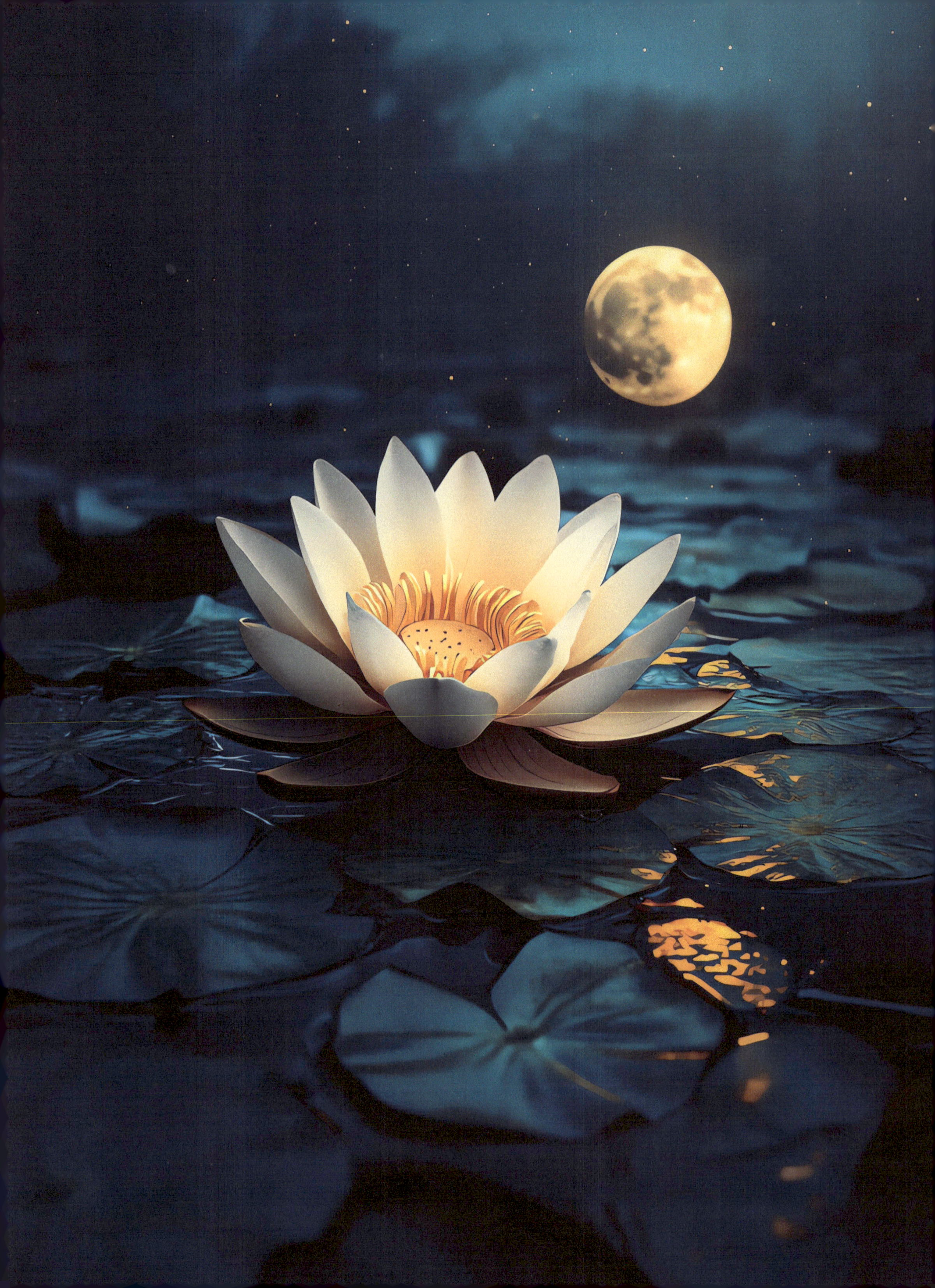

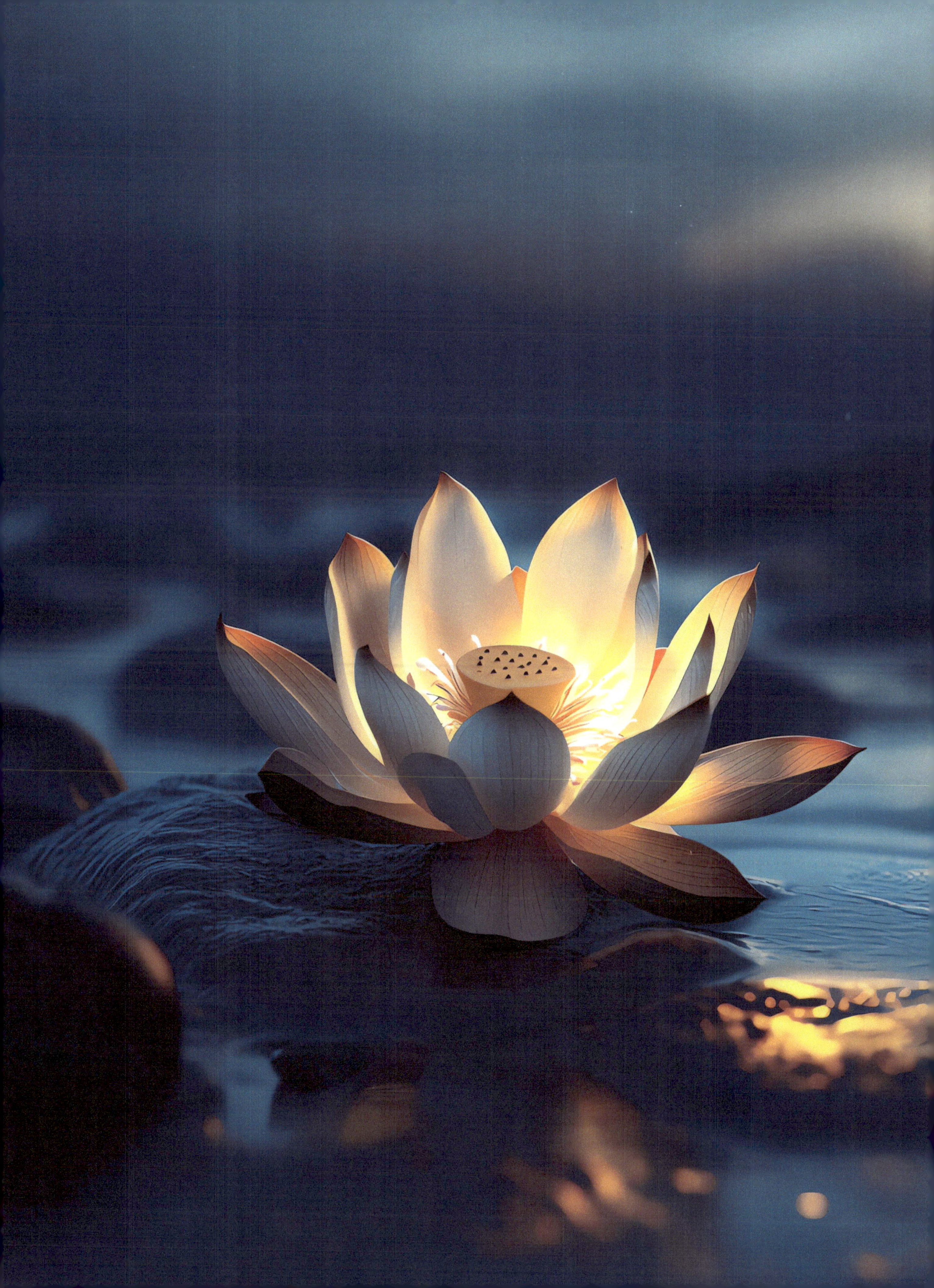

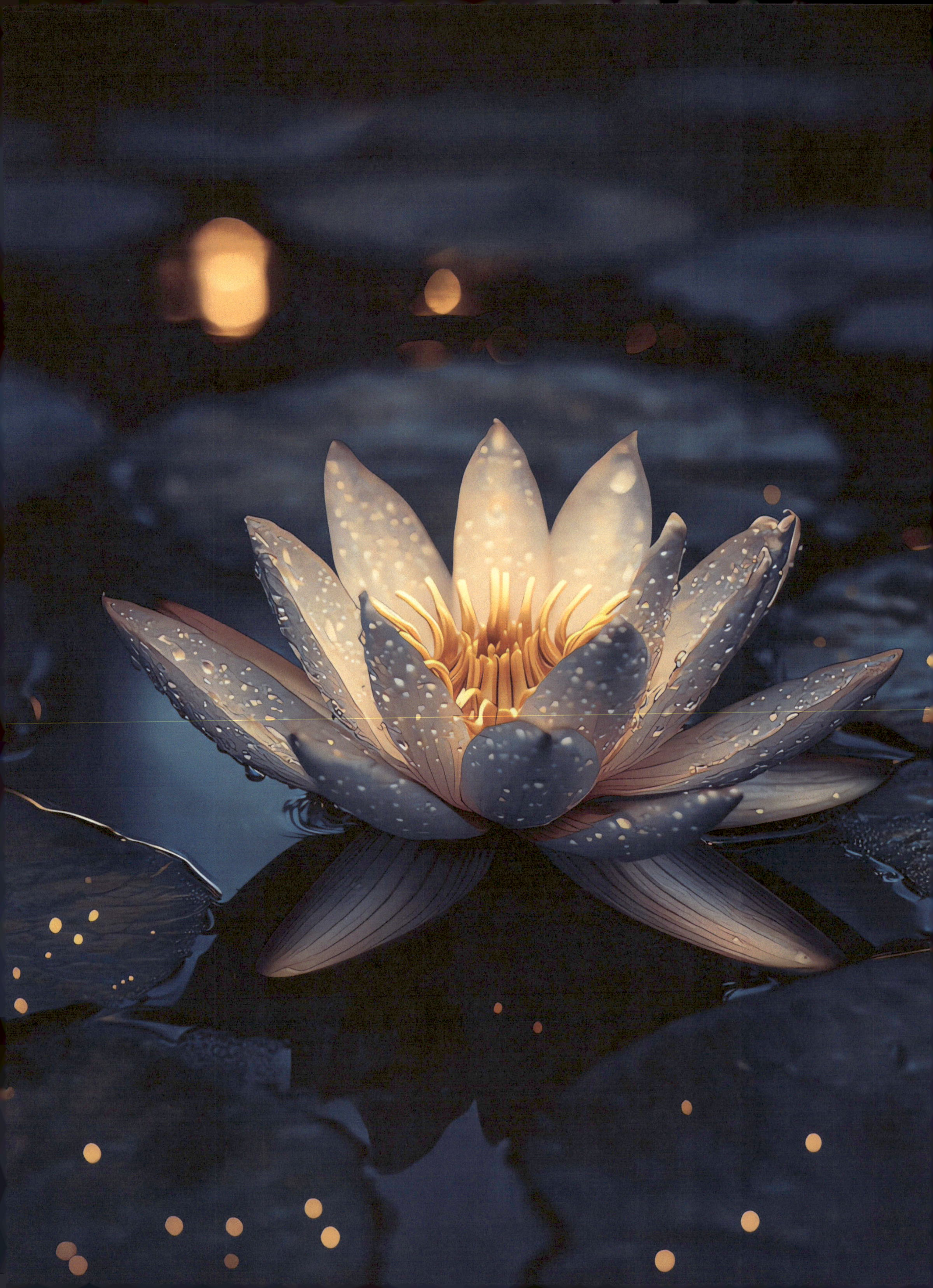

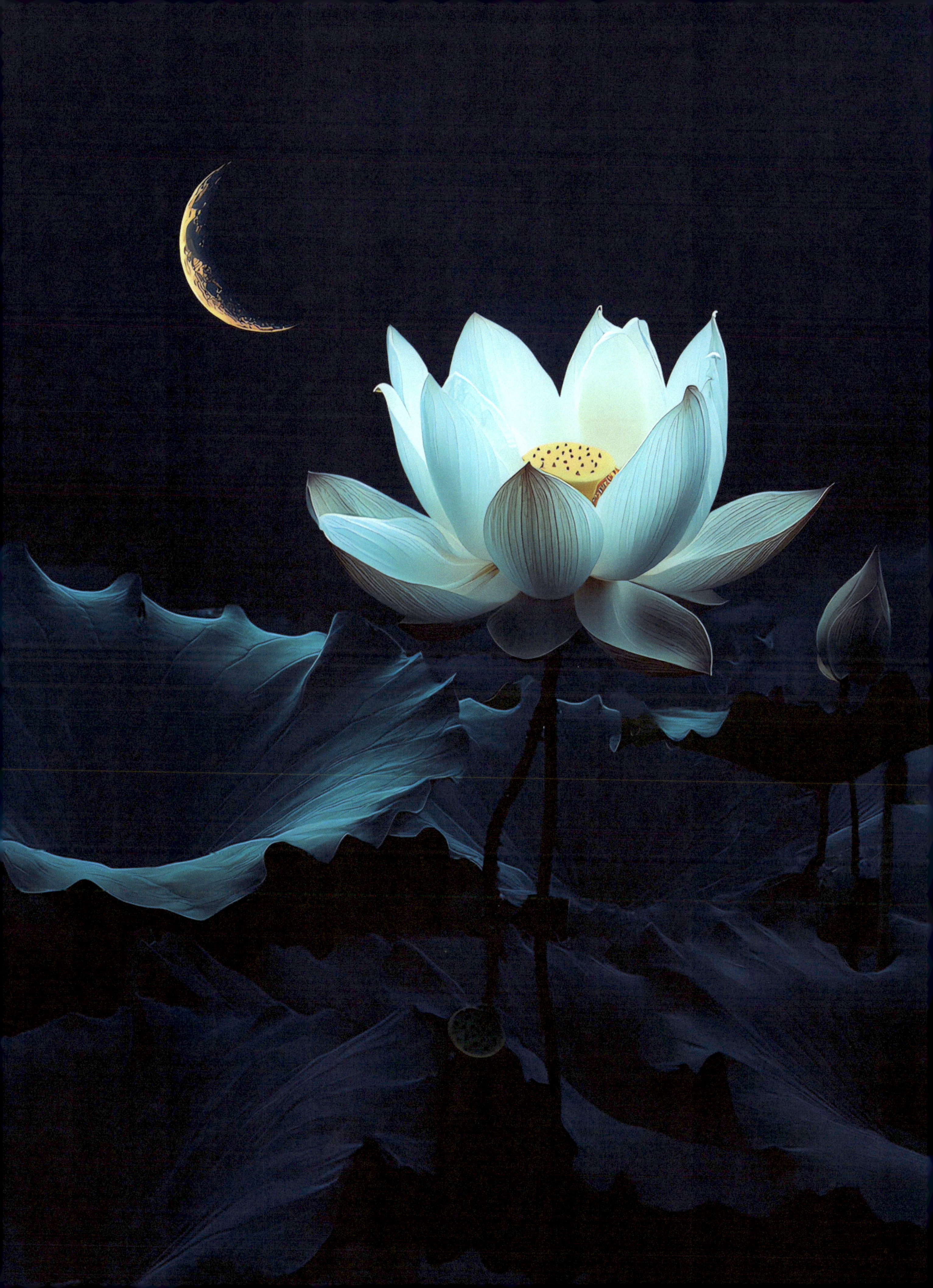

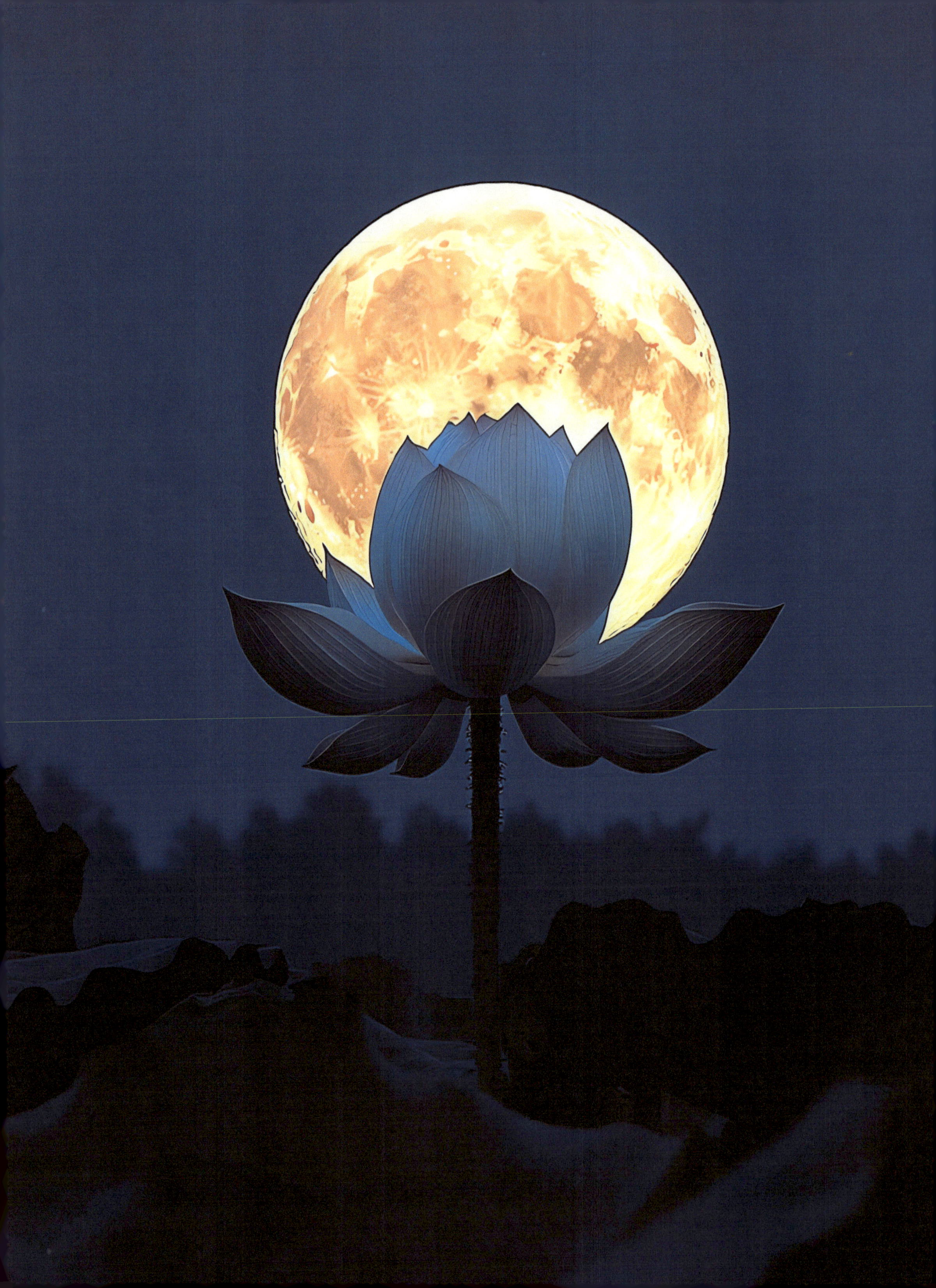

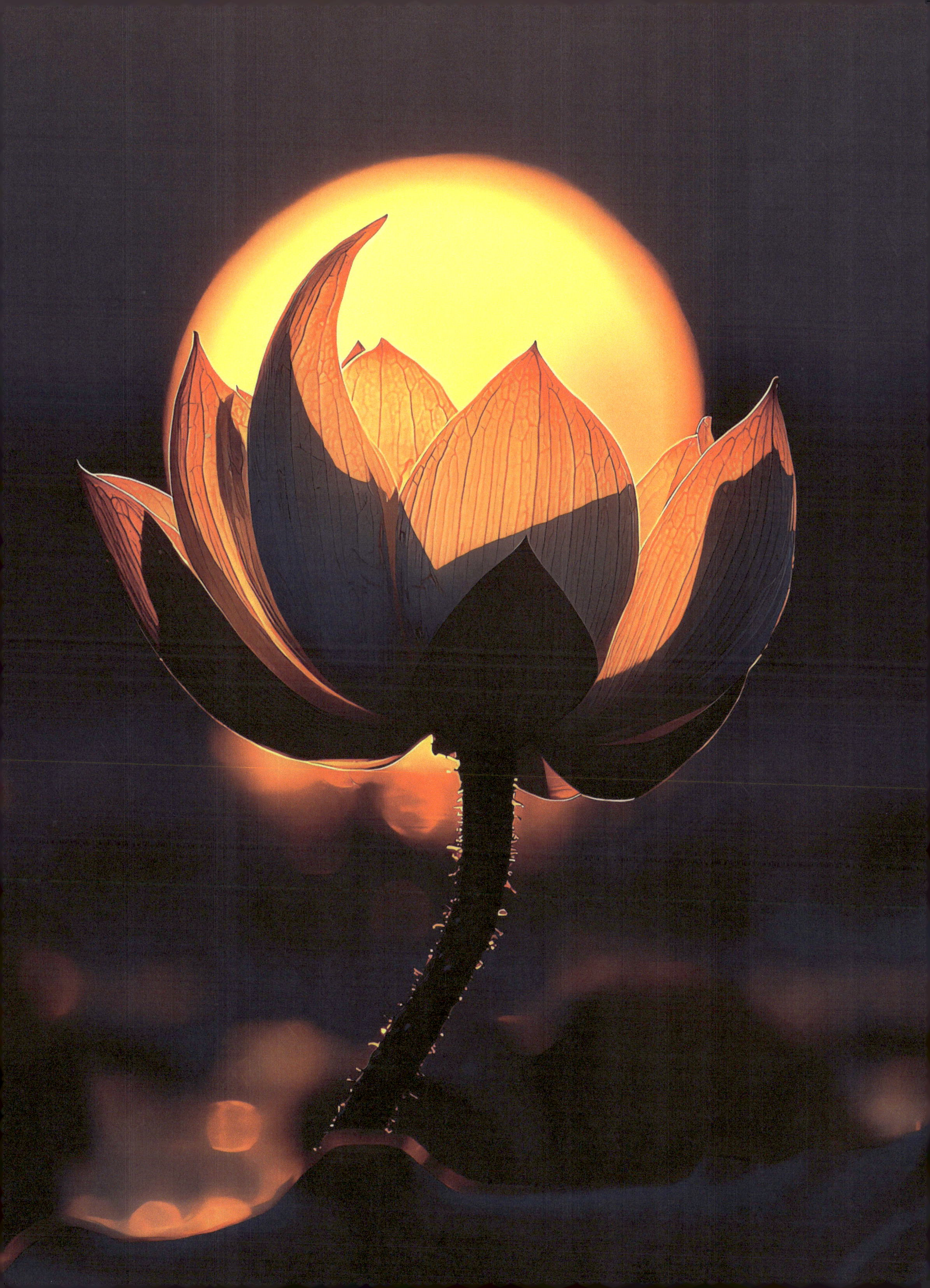

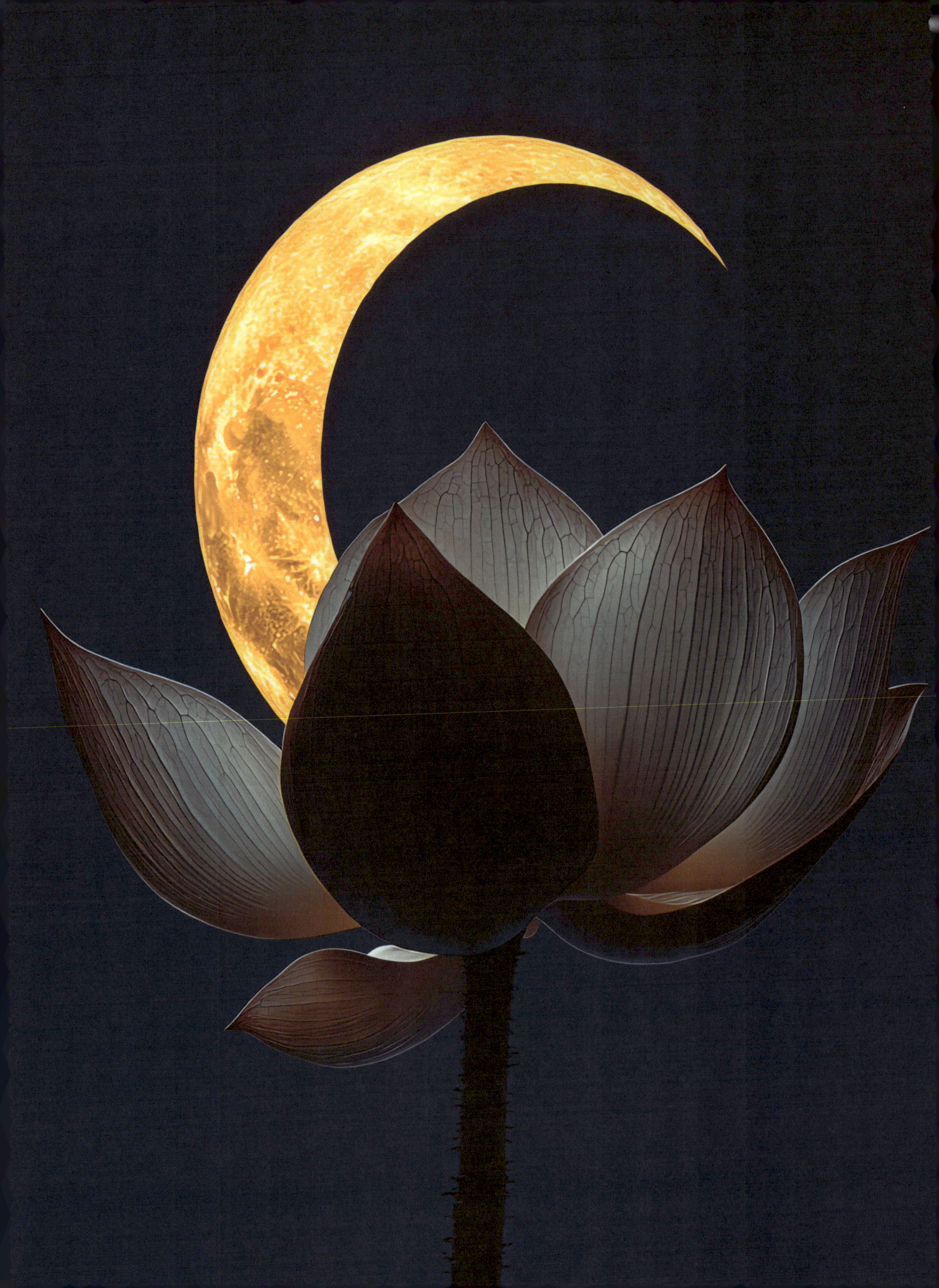

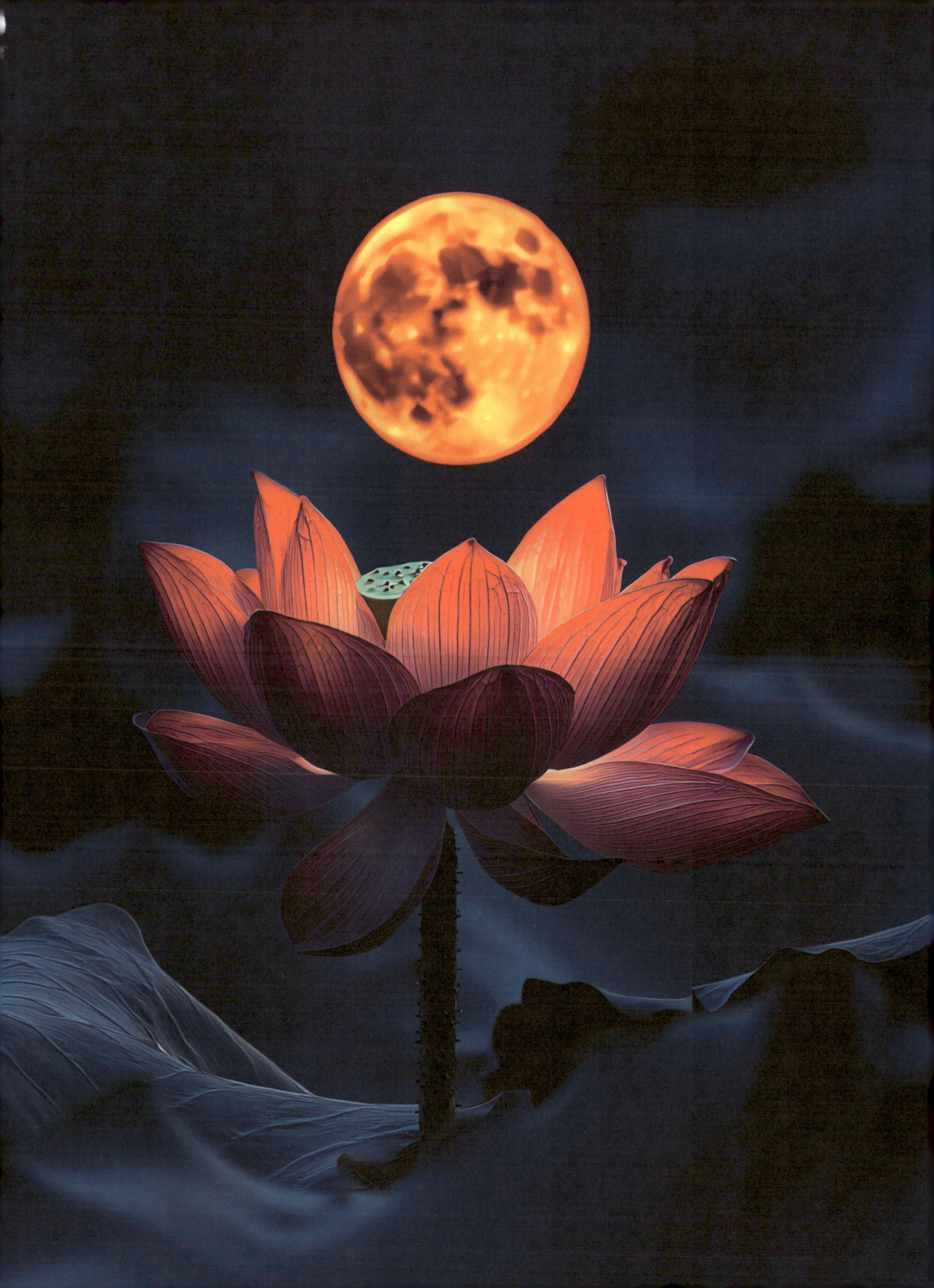

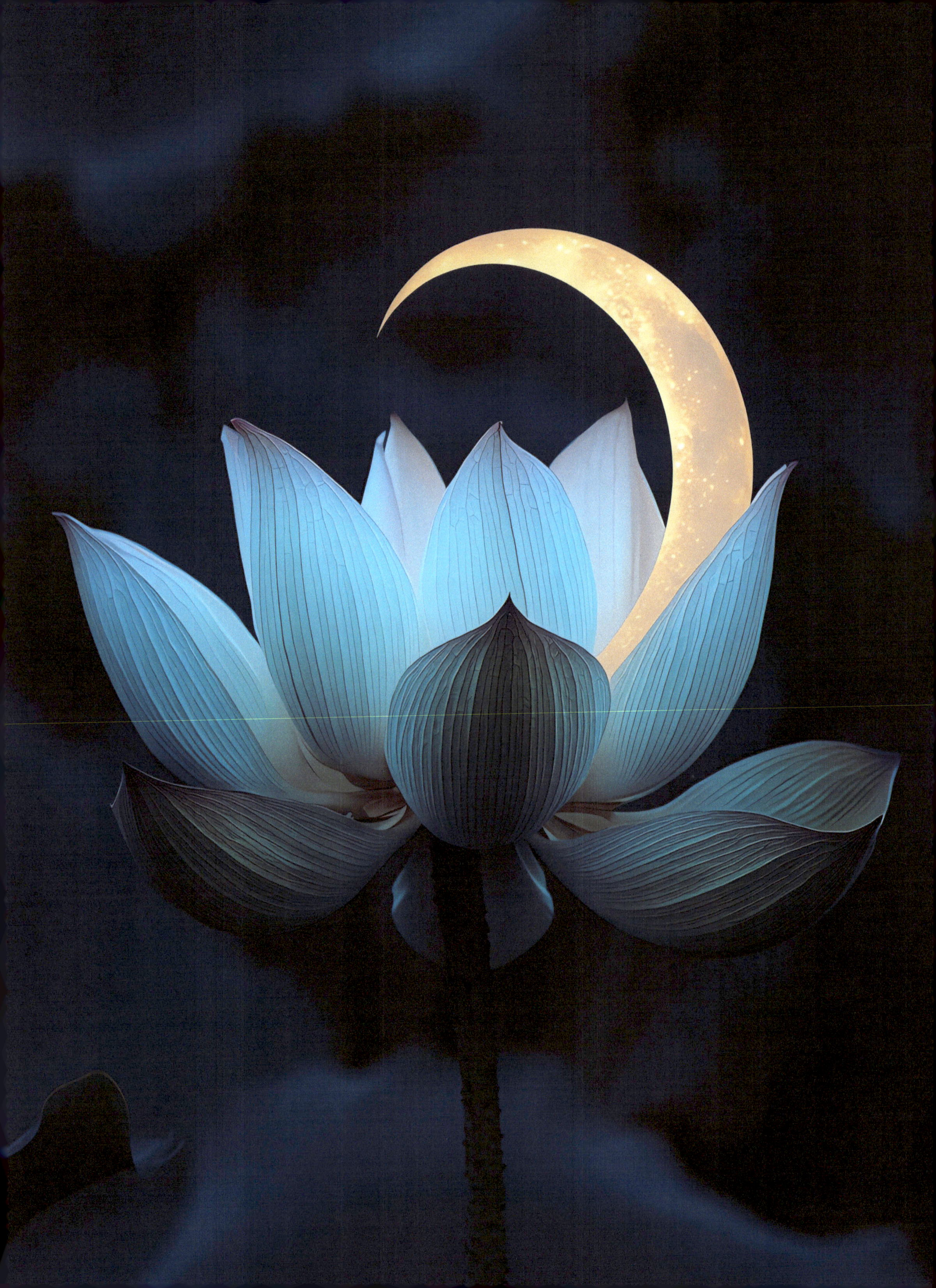

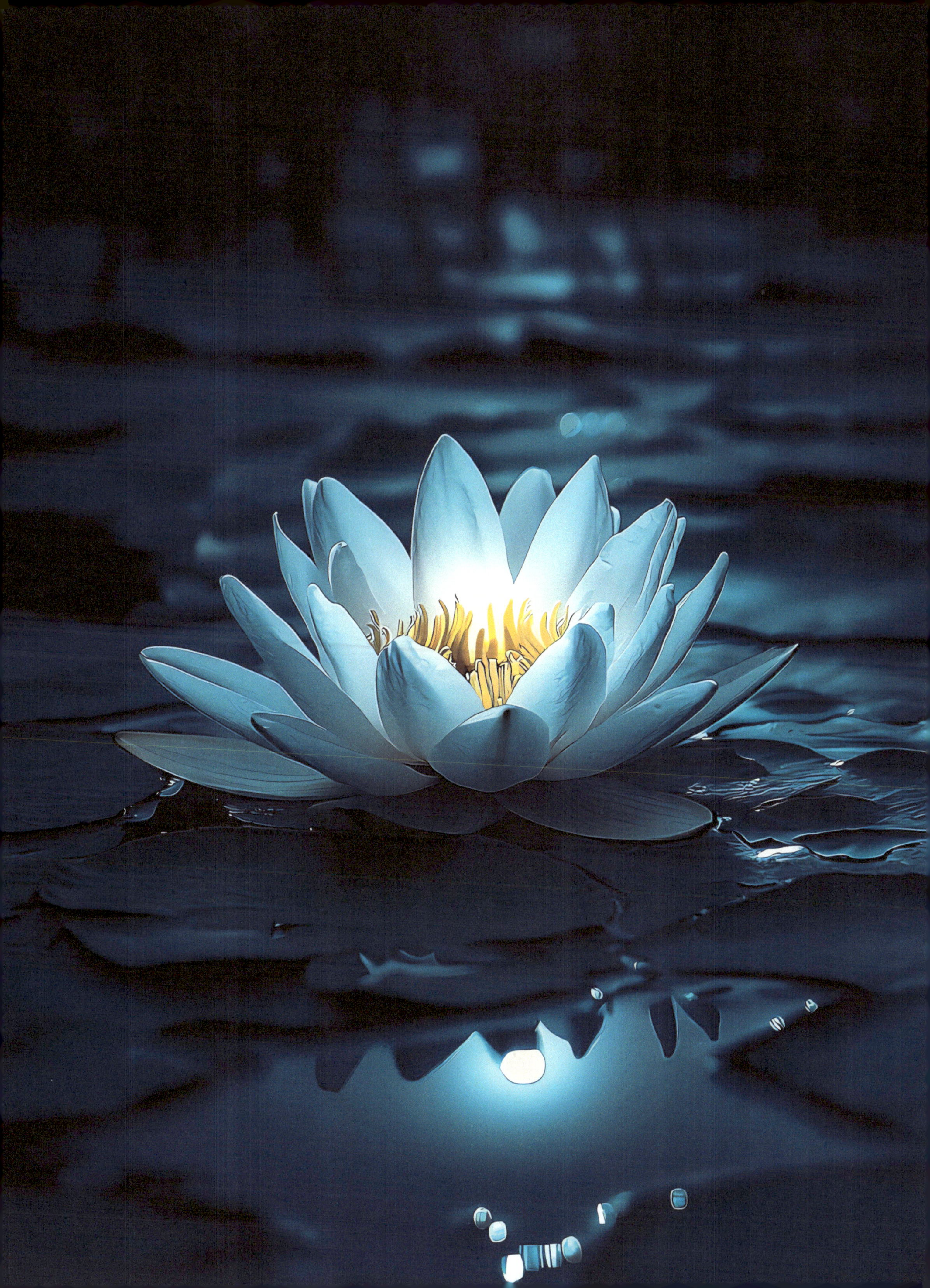

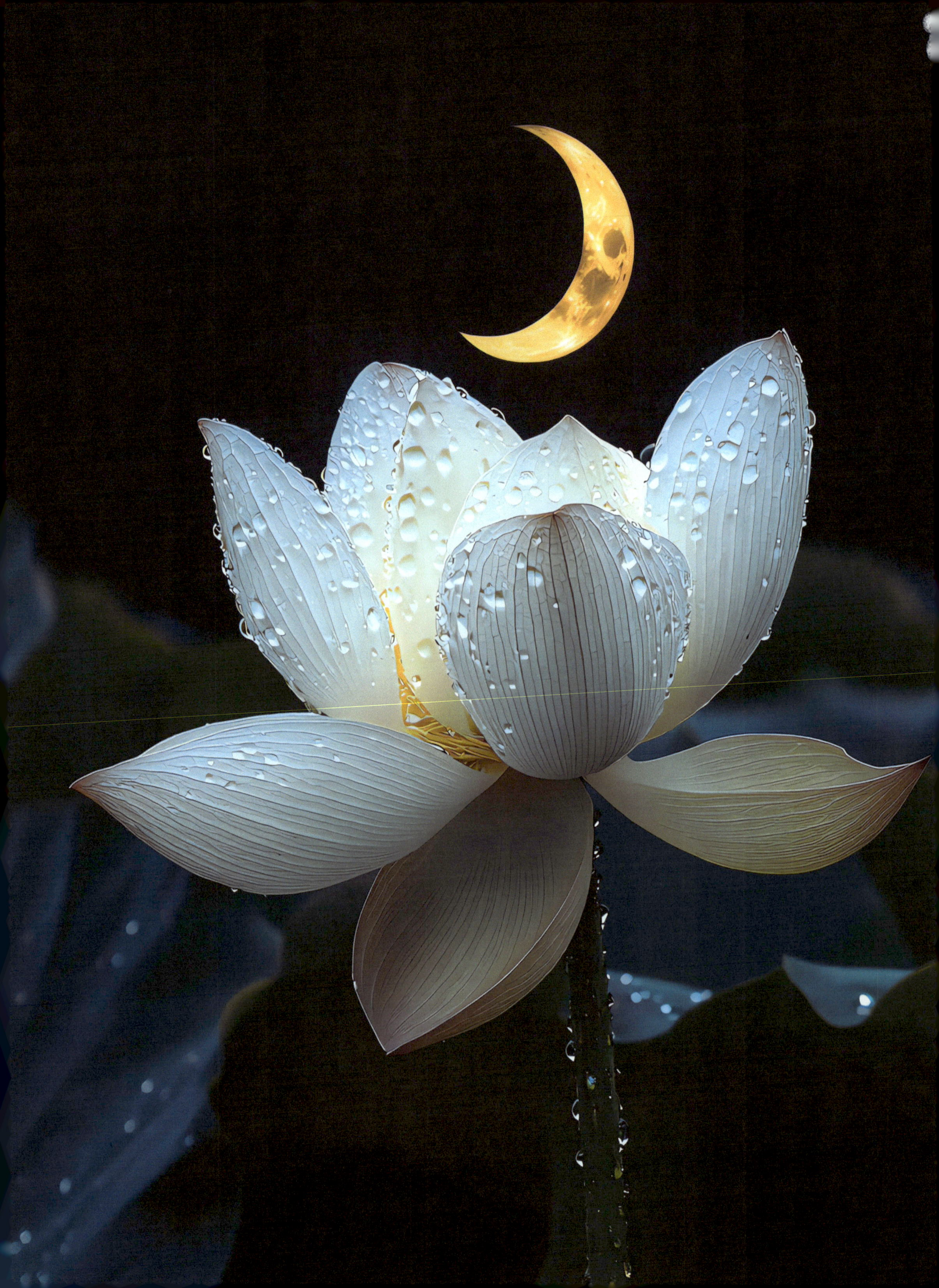

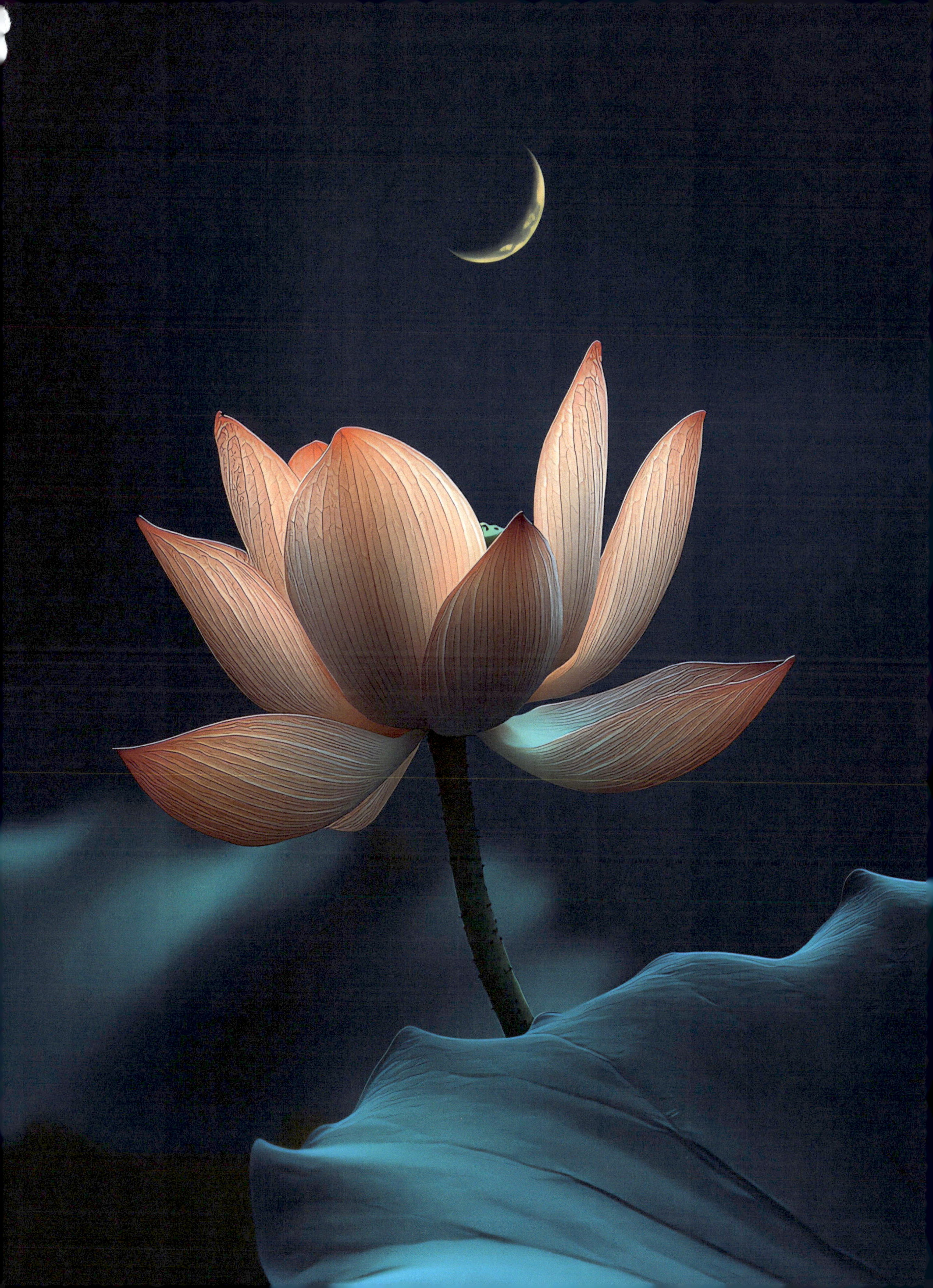

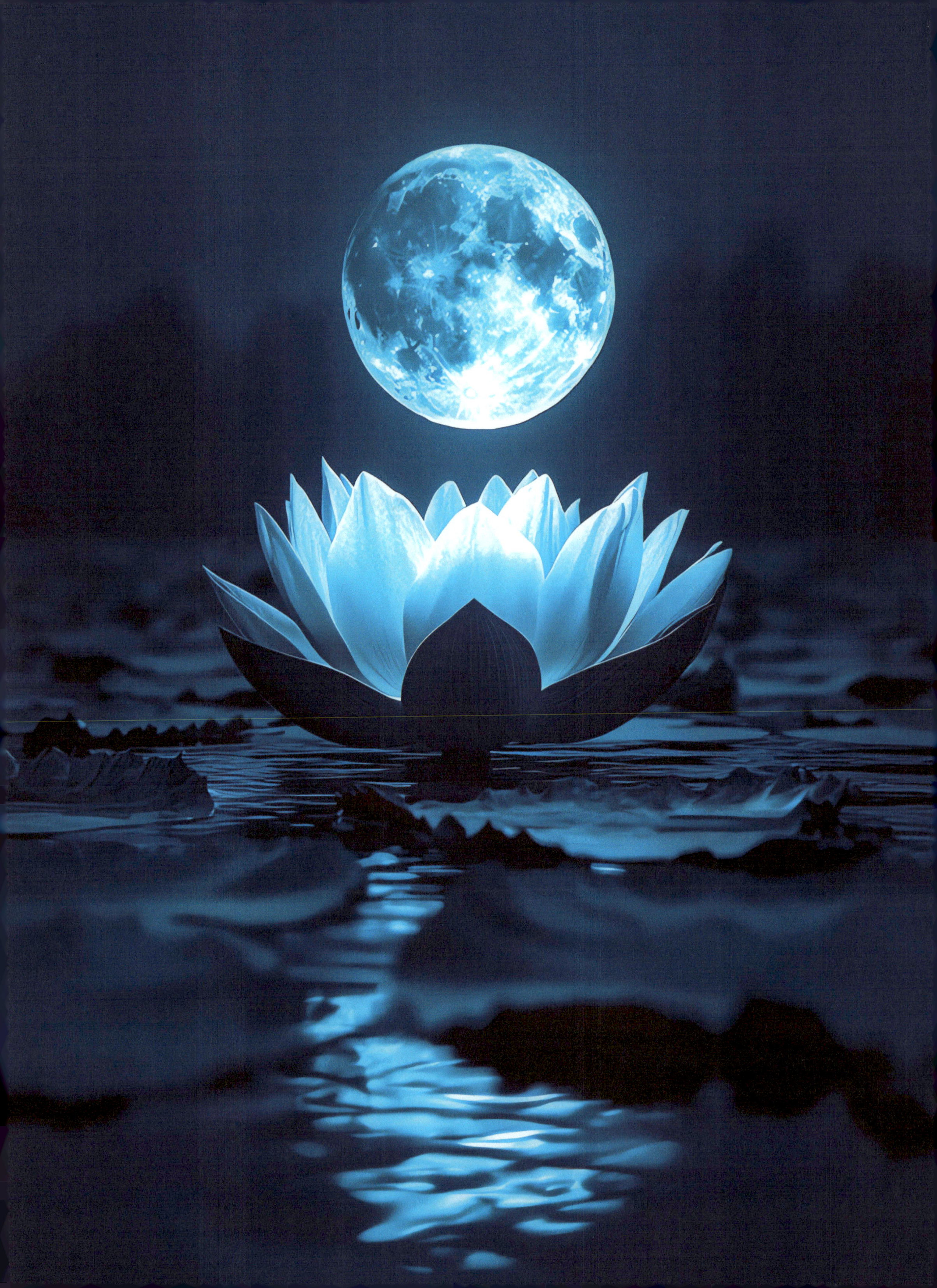

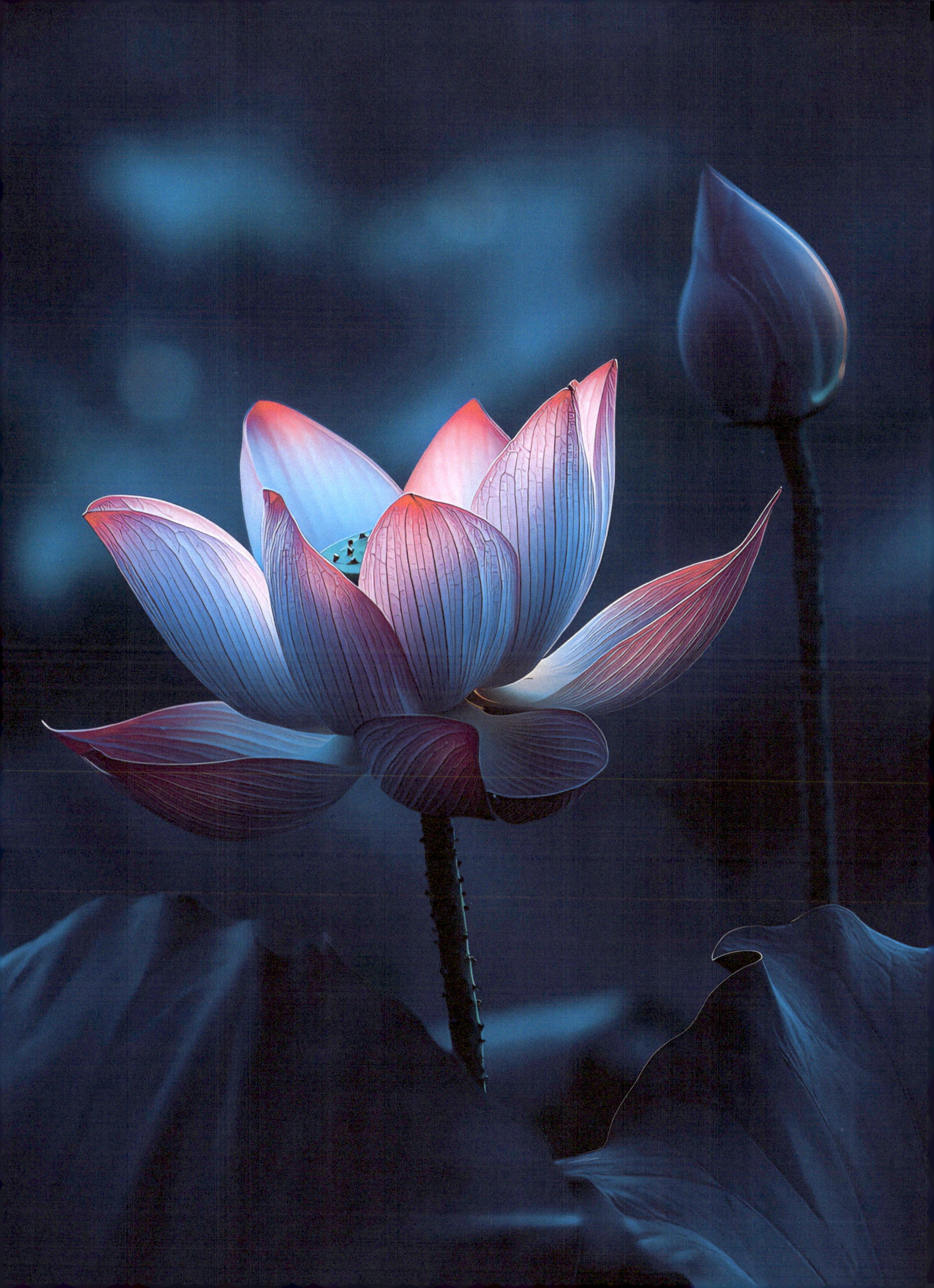

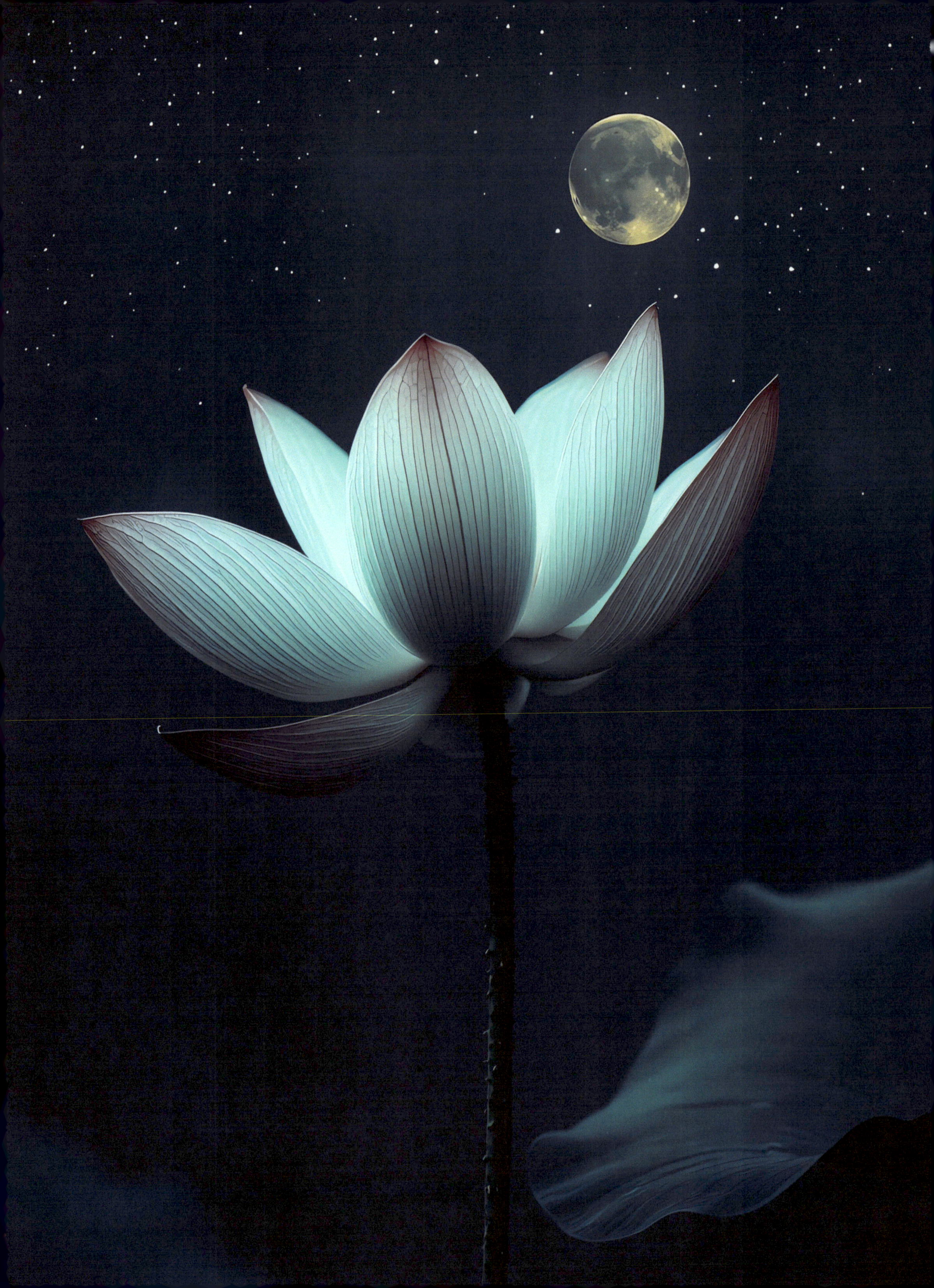

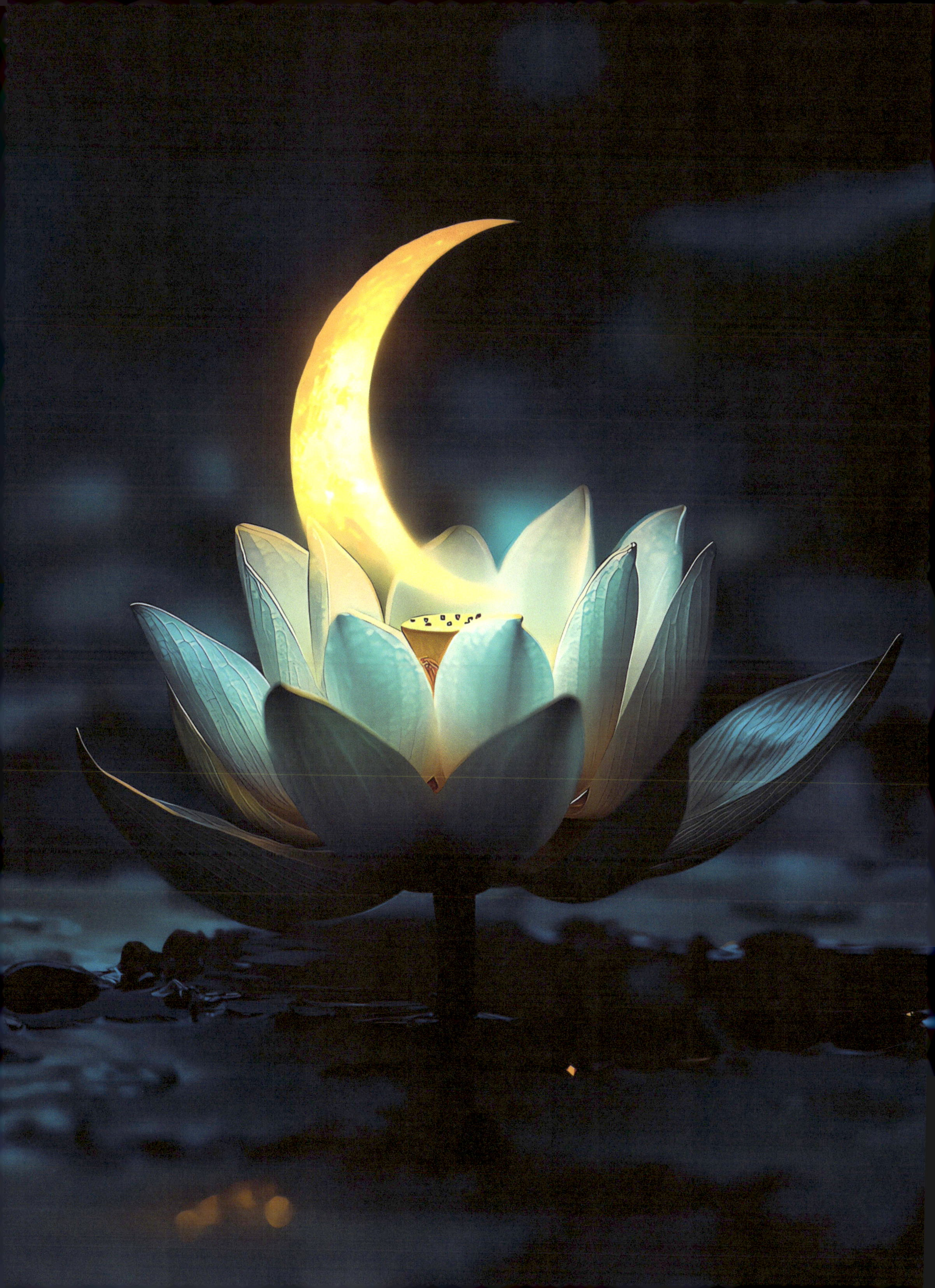

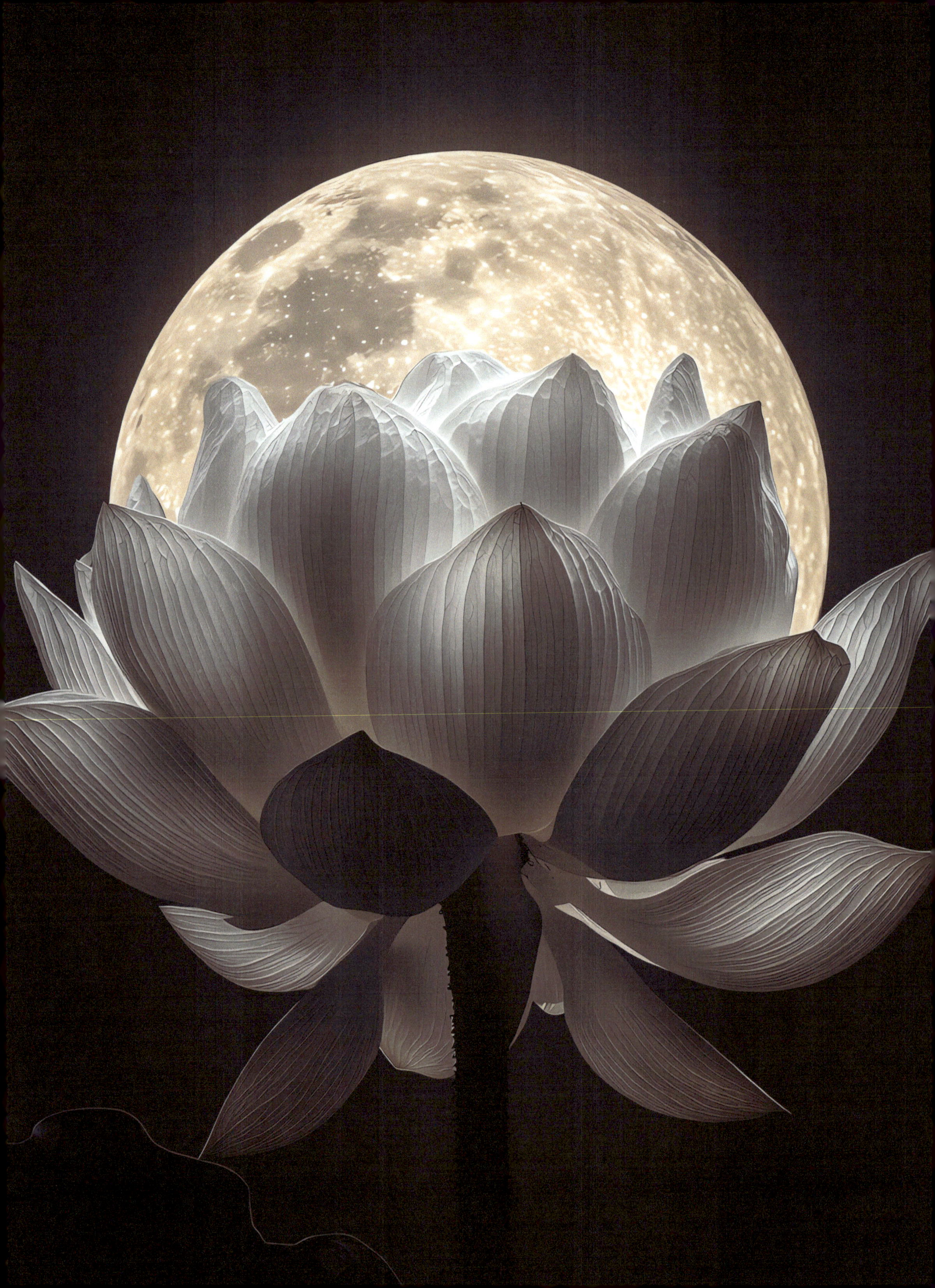

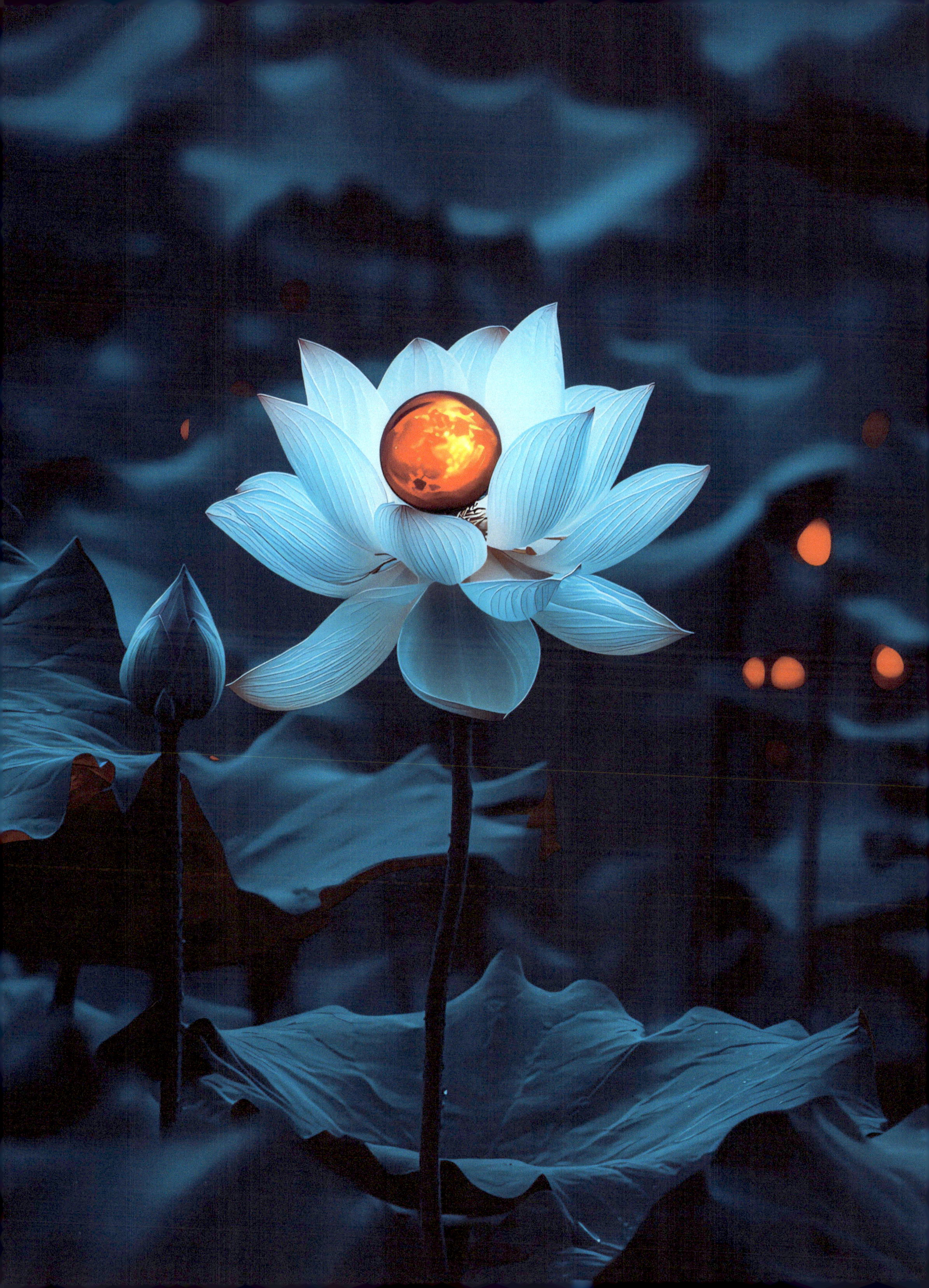

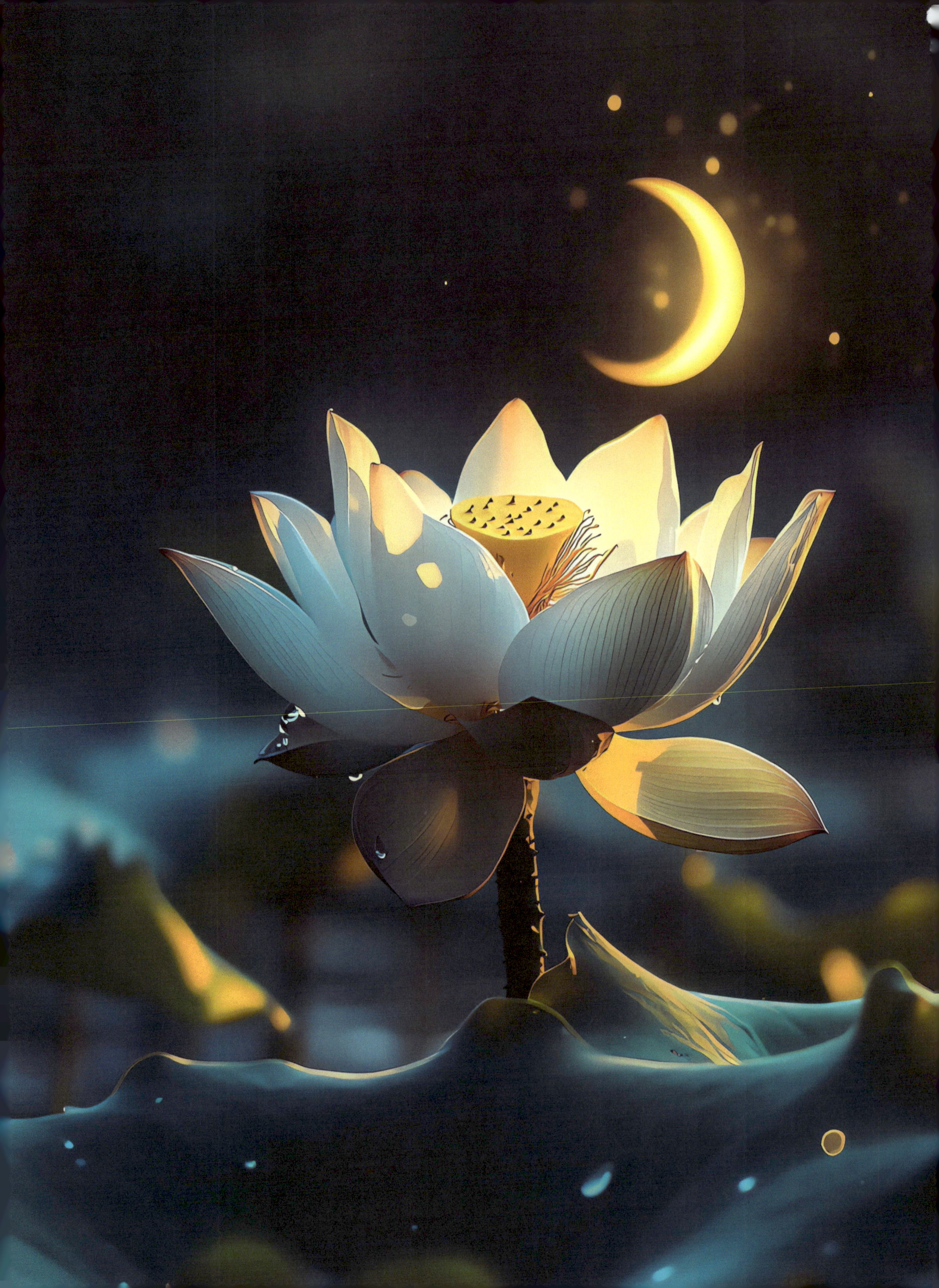

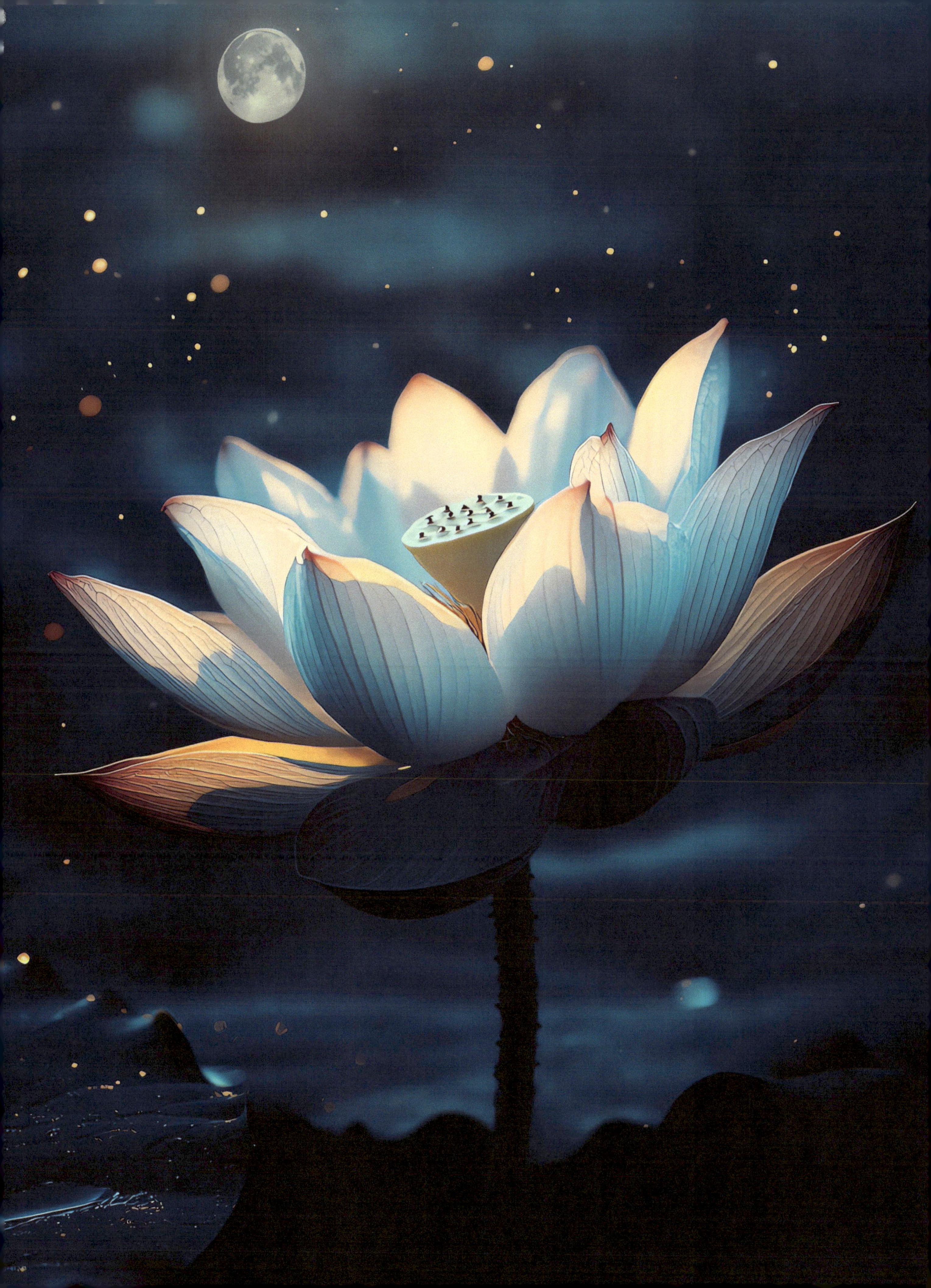

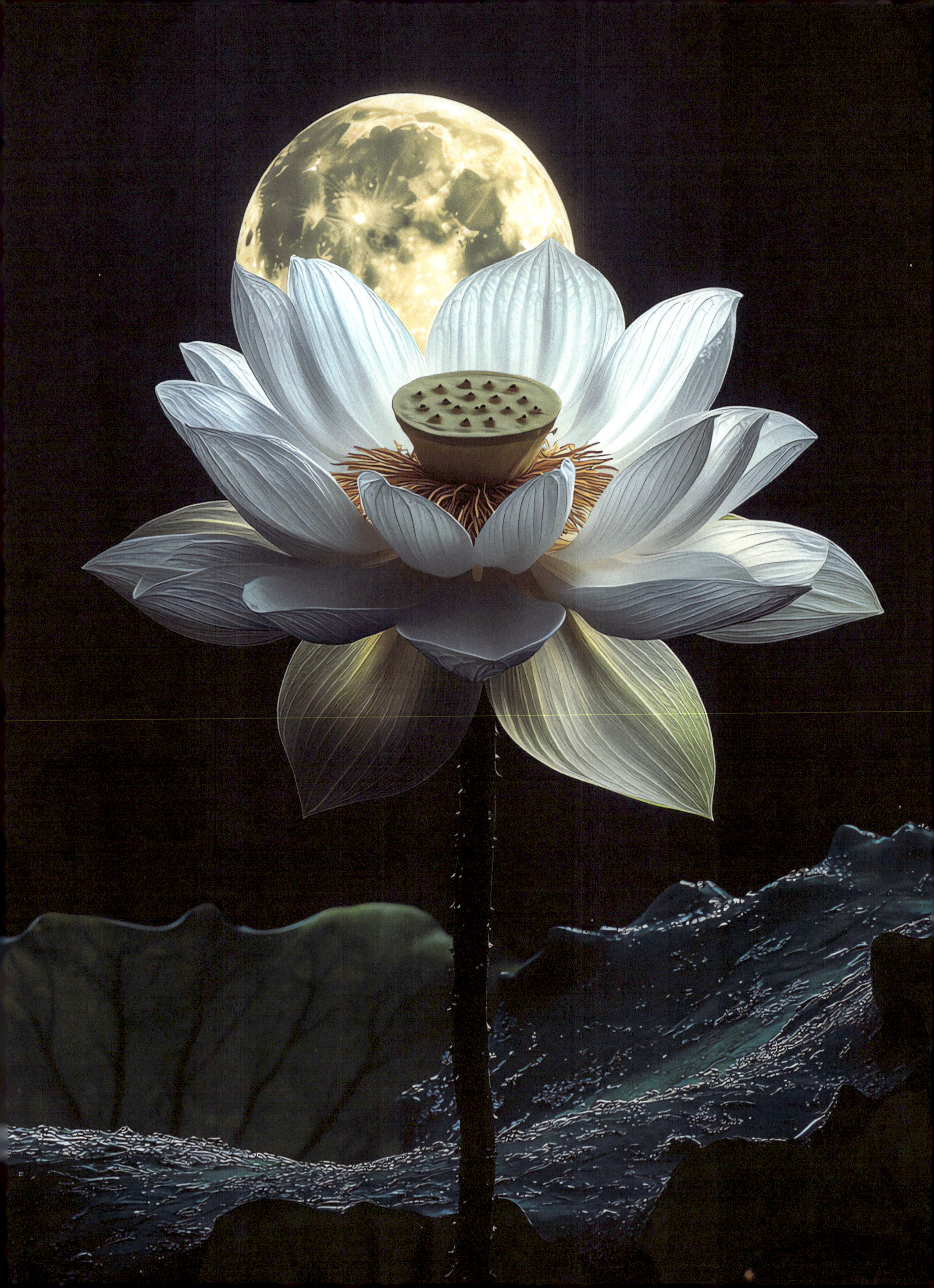

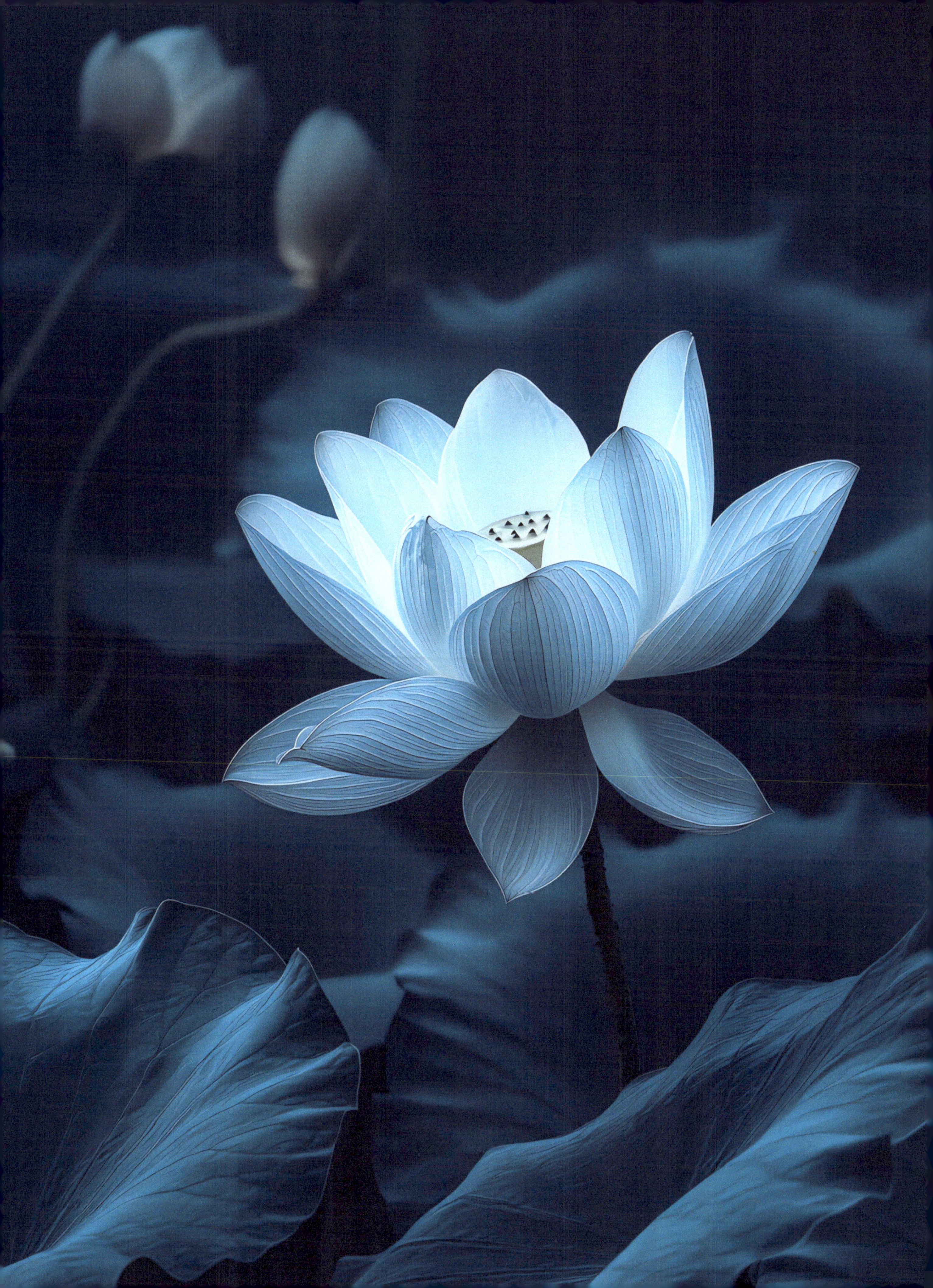

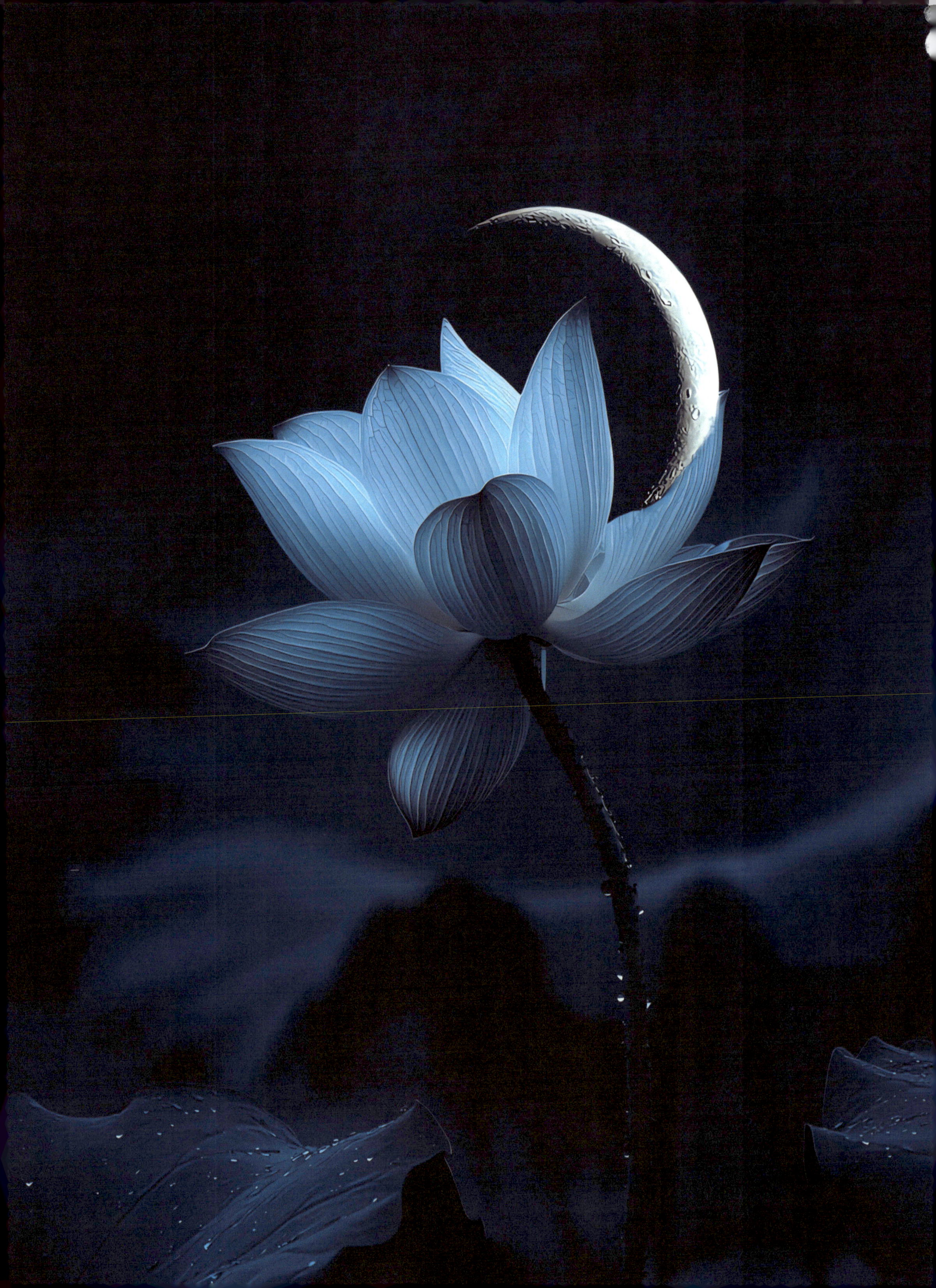

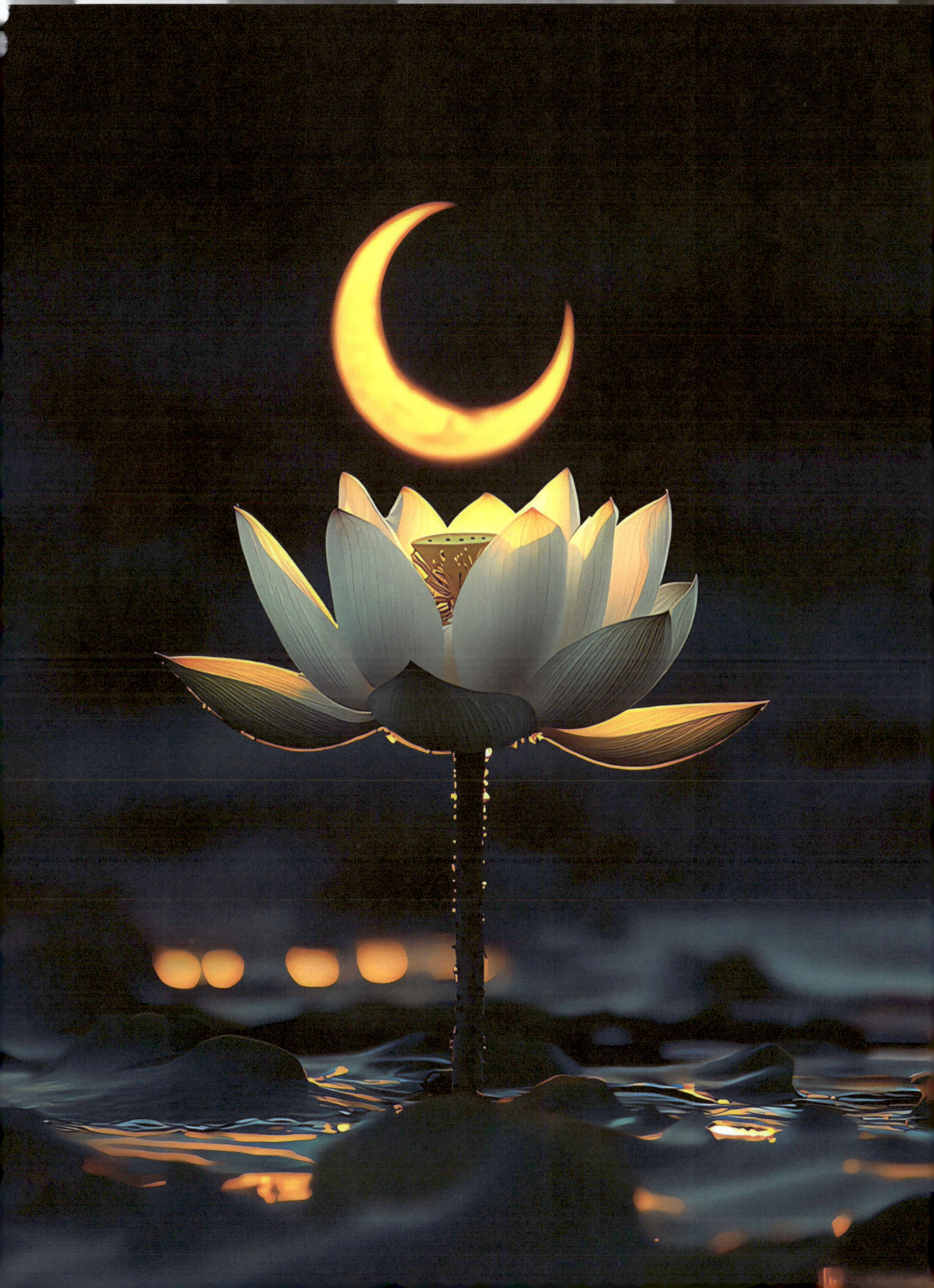

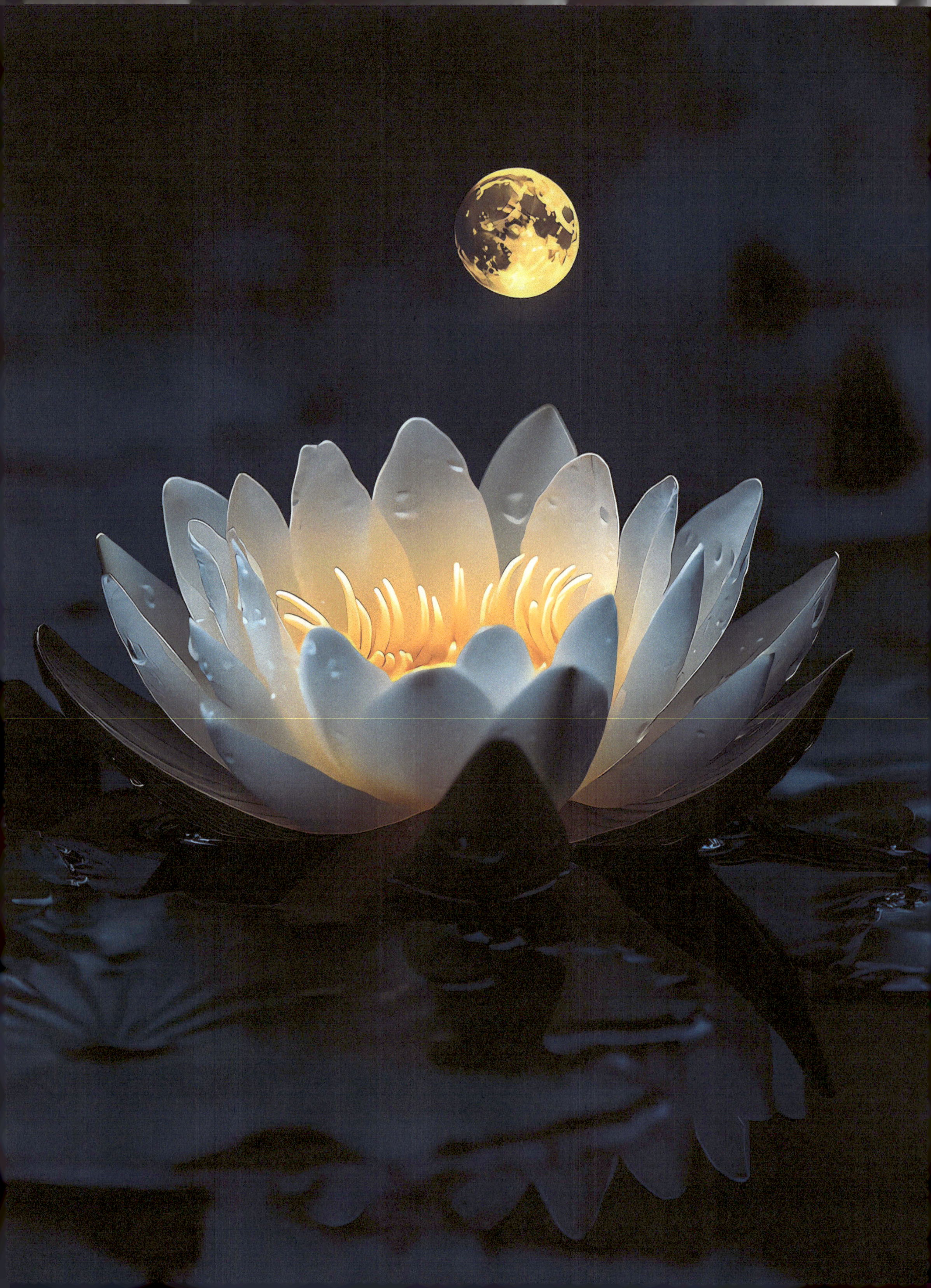

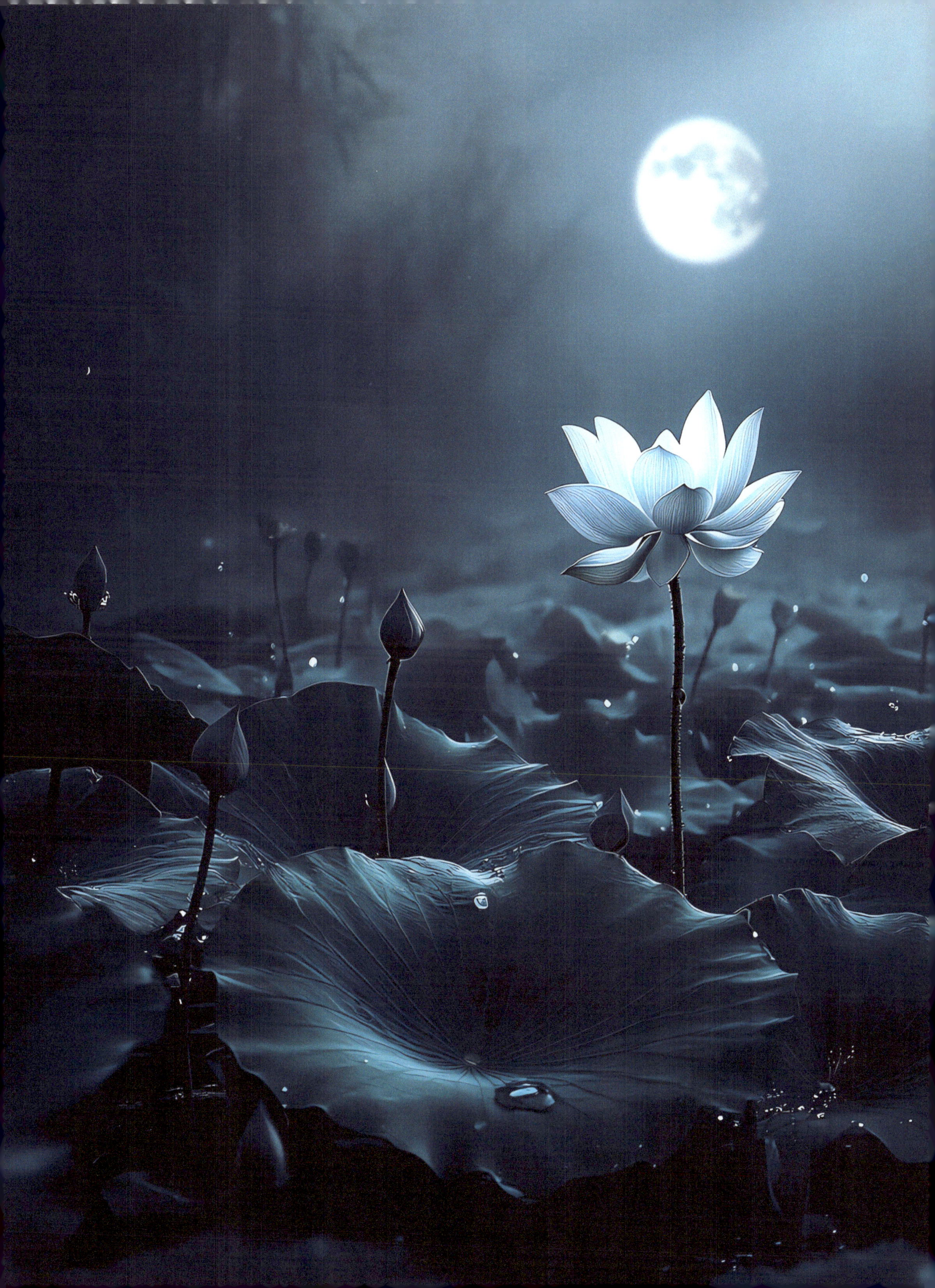

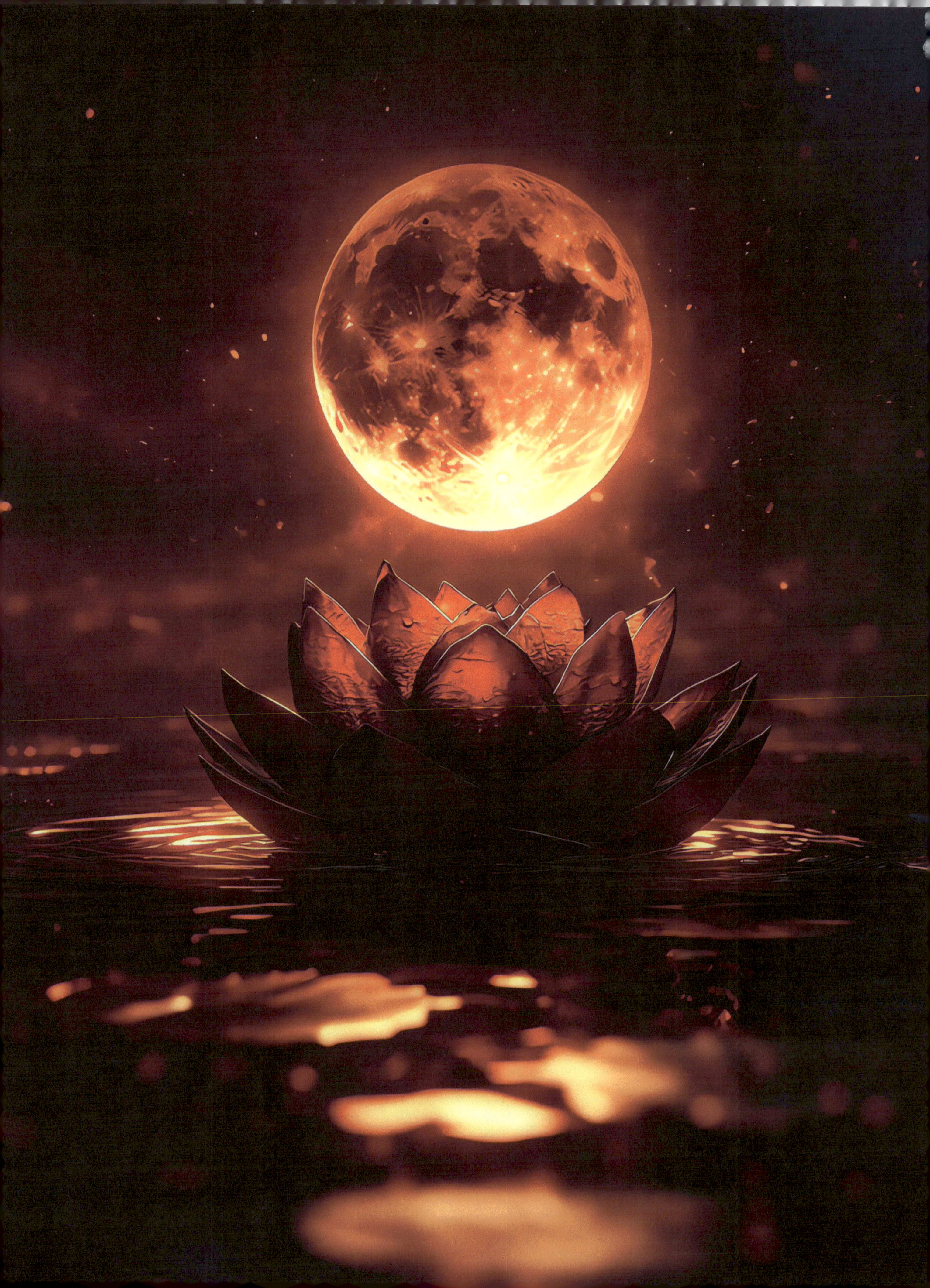

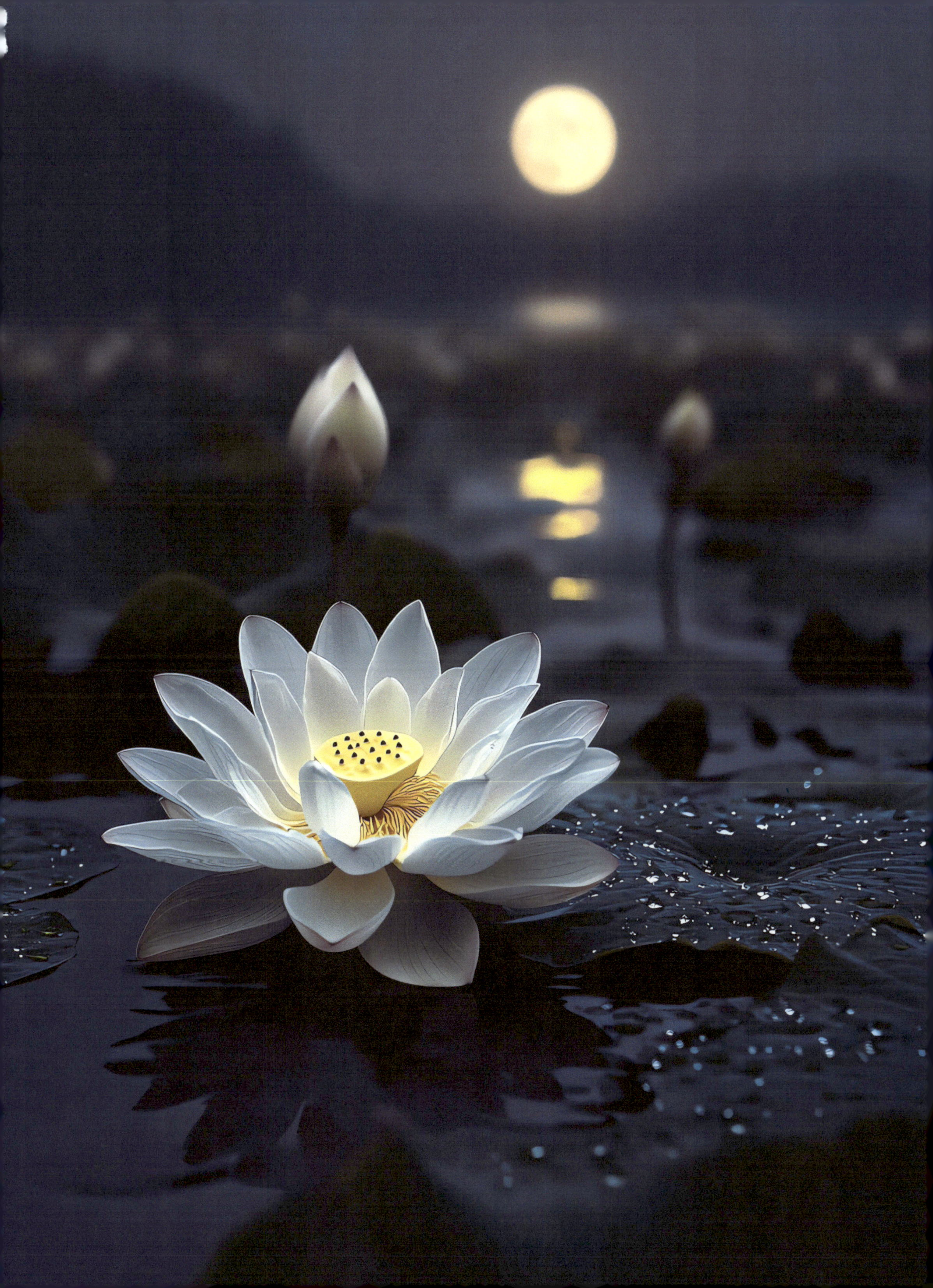

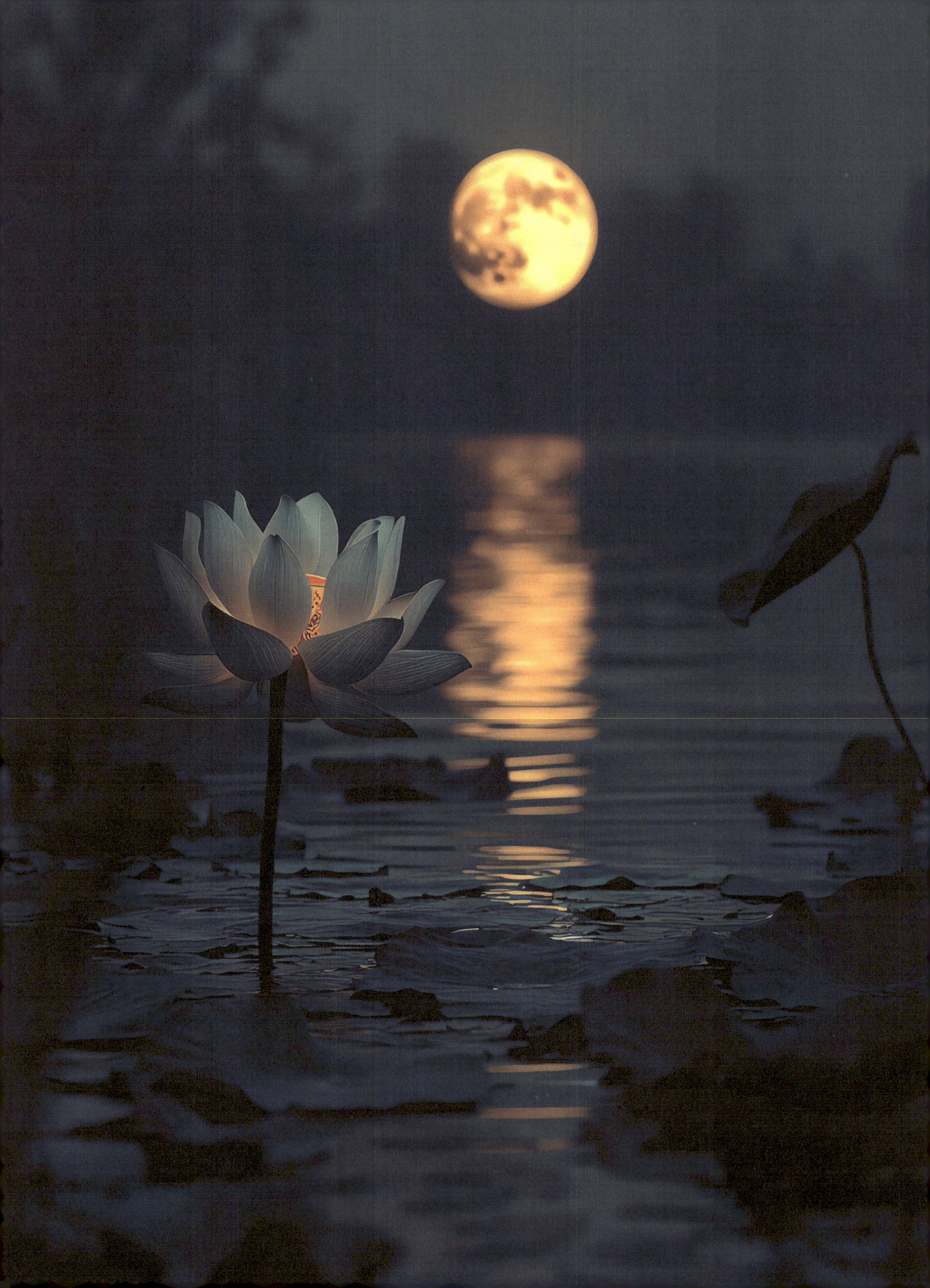

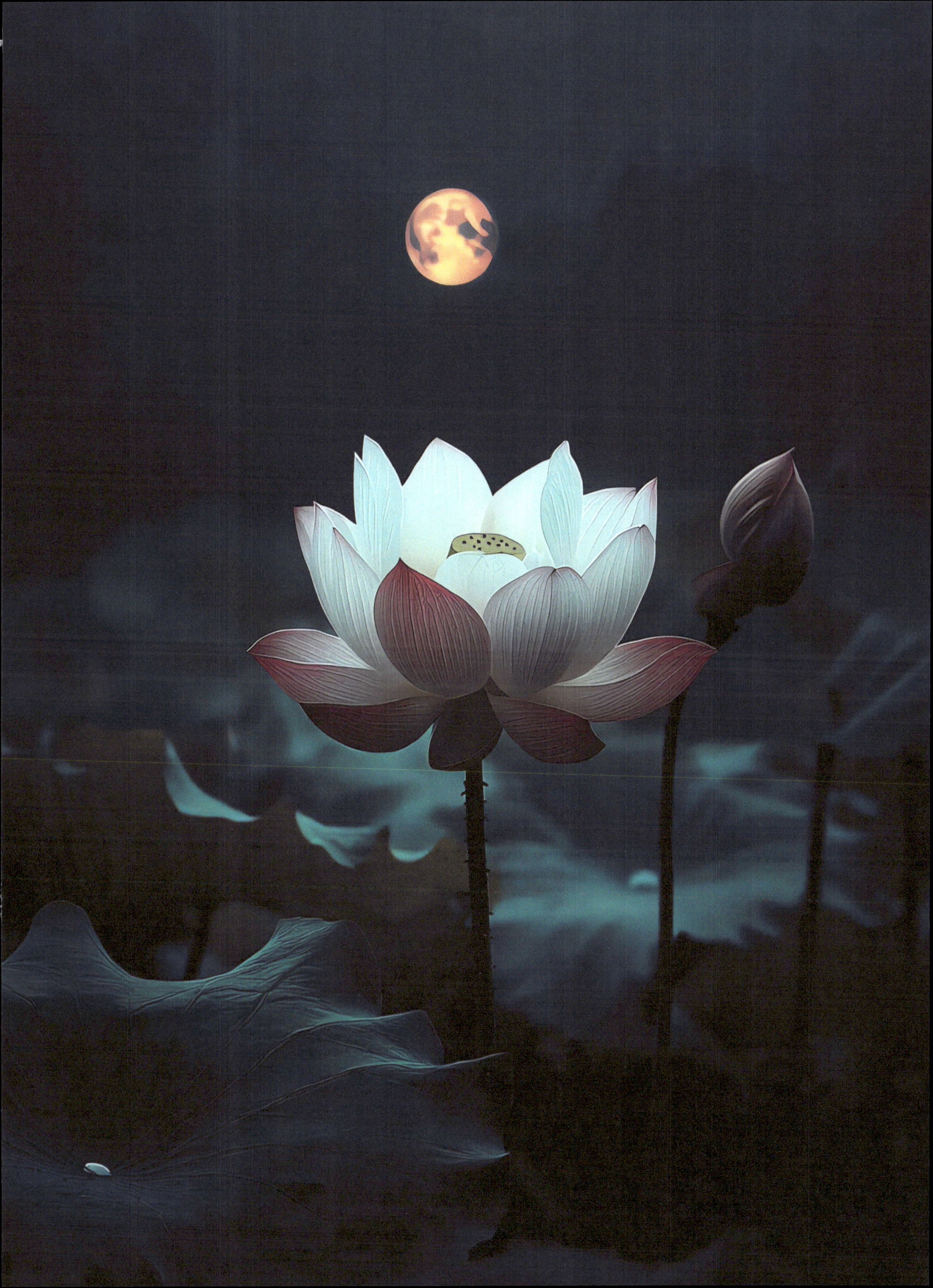

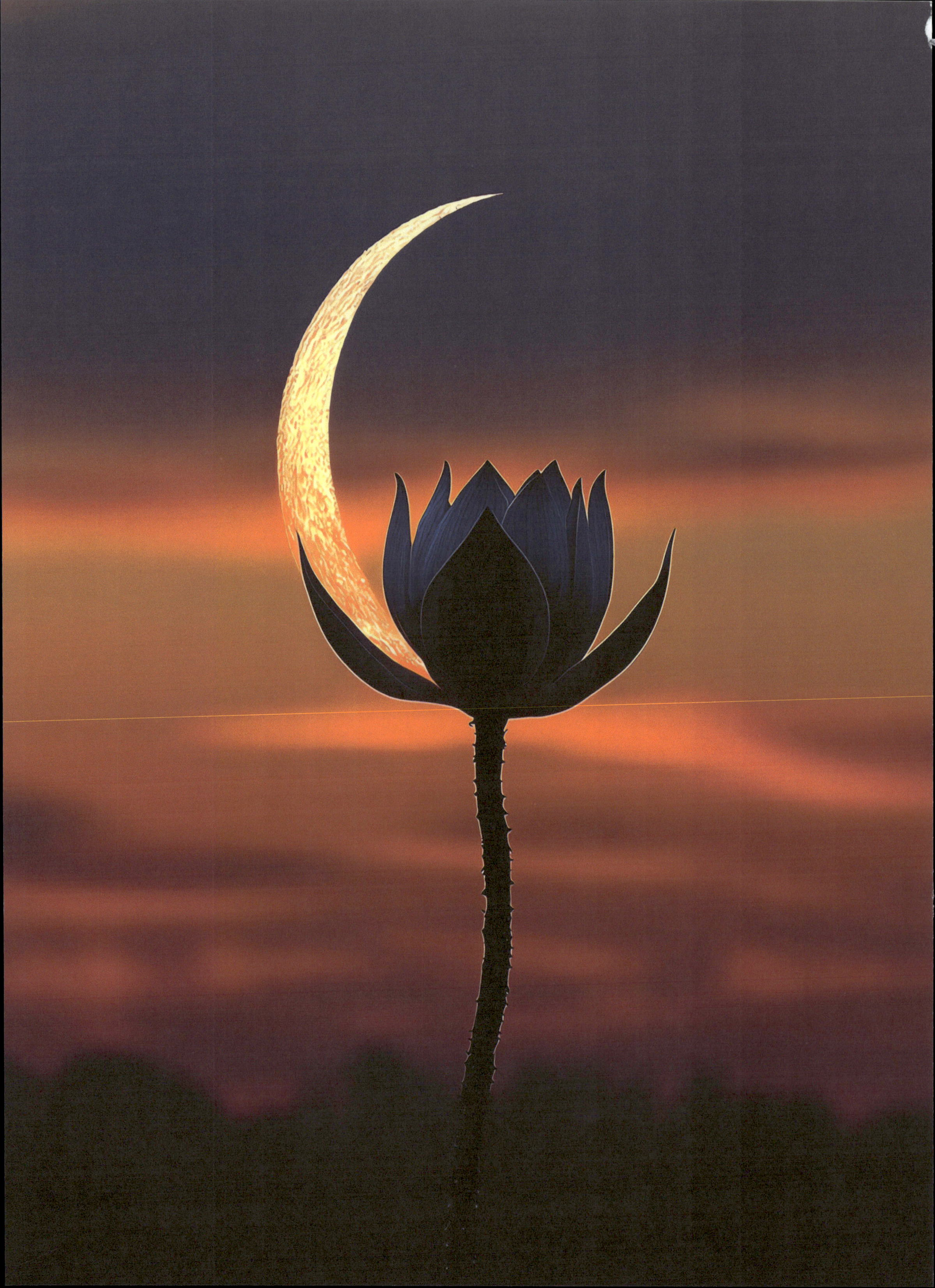

www.ingramcontent.com/pod-product-compliance
Lightning Source LLC
Chambersburg PA
CBHW040439220526
45473CB00004B/1479
* 9 7 9 8 3 0 2 0 3 5 5 4 7 *